大夏书系·幼儿教育

爱上劳动 点亮未来

幼儿园劳动教育课程实践

俞沈江·主编

李阿慧·编著

华东师范大学出版社

全国百佳图书出版单位

·上海·

编　委　会

目录
contents

第三章　生活小主人劳动课程构建

第四章　劳动小达人课程构建

第五章　家庭小帮手亲子课程

第六章　劳动教育中幼儿必备的安全常识与技能

序

　　由俞沈江主编、李阿慧编著的《爱上劳动　点亮未来——幼儿园劳动教育课程实践》将由华东师范大学出版社"大夏书系"出版。作为一位从事教育基本理论研究特别是劳动教育研究的同行，我谨向他们卓有成效的工作表示由衷的祝贺。

　　我认为，《爱上劳动　点亮未来——幼儿园劳动教育课程实践》一书，至少有以下三个重要特点：

　　第一，有当前幼儿园劳动教育现实问题的具体针对性。著作开篇就分析了幼儿园劳动教育普遍存在的"劳动与生活脱节""劳动与教育分离""劳动教育体系不完善"等方面的教育缺失，其超越"碎片化""浅表化""割裂式"的教育病态的努力勇气可嘉，在幼儿园劳动教育实践、理论探索上所取得的成果也值得肯定。

　　第二，有对幼儿园开展劳动教育的系统、深入的思考。要克服"劳动与教育分离"，本质上是要将简单的"劳动"过程与德、智、体、美等"教育"目标建立自觉的、内在的联系。本书所建言的幼儿园劳动教育课程实践，既有劳动价值观教育，也考虑到了劳动过程对于科学、审美、身体素质的自觉培养，实现了由"劳动"向"劳动教育"形态的转化。

　　第三，有幼儿园劳动教育对于儿童性、发展性的应有尊重。"生活小主人劳动课程构建"充分考虑了不同阶段小朋友的年龄特点。而"劳动小达人课程构建"，仅从"职业体验背景下幼儿园劳动教育微课程""mini 场馆背景下幼儿园劳动教育微课程""绘本支架下幼儿园劳动教育微课程""节日主题背景下幼儿园劳动教育微课程""穿编工艺背景下幼儿园劳动教育微课程""小芽儿农场背景下幼儿园劳动教育微课程"等生动活泼的课程名称，就不难看出课程设计者的童心、匠心和课程实践的童趣、美感。

  《爱上劳动 点亮未来——幼儿园劳动教育课程实践》还有将幼儿园劳动教育与家庭教育、社会生活有机关联等很多优点。细心的读者一定会通过阅读进一步确证：本书是一本能够"点亮未来"的幼儿园劳动教育精彩秘籍。

檀传宝

北京师范大学教授

2022 年 4 月 15 日

京师园三乐居

绪　论

　　新时代背景下，劳动教育是全面贯彻党的教育方针的基本要求，是培育和践行社会主义核心价值观的有效途径，是实施素质教育的重要内容。2020 年 3 月 20 日，中共中央、国务院发布《关于全面加强新时代大中小学劳动教育的意见》，为构建我国德智体美劳全面培养的教育体系、落实新时代大中小学劳动教育指明了方向。近年来，各地教育部门加快构建大中小学一体化劳动教育体系，着力加强劳动教育课程体系建设，把劳动教育纳入人才培养全过程，贯穿家庭、学校、社会各方面。在这样的背景下，幼儿园如何理解劳动教育、怎样开展劳动教育，成为了学前教育亟待思考、探索和解答的时代命题。

 管窥幼儿园劳动教育的薄弱点

1. 劳动与生活脱节

　　我们观察和分析了幼儿园常态的劳动教育，发现劳动教育在幼儿园时常呈现"碎片化""浅表化""割裂式"的样态。

　　（1）碎片化的劳动行为。幼儿园老师经常带领孩子一起参与"种植园浇水""菜地拔草"等劳动，幼儿象征性拿着小水壶喷洒几下，在菜地里随意拔几株草，时间一到，幼儿就结束此次劳动。下次劳动，老师又随机分配新的劳动任务。随机的劳动时间加碎片化的劳动任务导致了幼儿为劳动而劳动，不能真正达成劳动教育目标。

　　（2）浅表化的劳动状态。幼儿为获取老师的赞扬和小红花，很积极地擦桌子、搬凳子，劳动成为获得赞扬的手段。这样的劳动是外部动机驱使下的浅表化劳动，不仅使幼儿漠视劳动过程、忽视劳动结果，更严重的是外在需求满足后劳动行为会消失。

（3）割裂式的劳动效果。为鼓励幼儿劳动，幼儿园经常下发任务清单。比如，在家完成扫地、倒垃圾等任务后，可以在家园联系册"做家务"一栏盖一个小印章。在这样的认知下，幼儿只会重视任务驱使下的劳动行为完成，从而忽视了劳动过程与生活的链接。

2. 劳动与教育分离

针对幼儿园劳动教育，我们进行了问卷调查和访谈，发现幼儿教师对幼儿园劳动教育的认知存在"四多四少"的现象。

（1）在理念认知上，教育多，劳动少。访谈发现教师很关注幼儿学习品质的培养，重视教育活动、学习活动的组织。对于幼儿劳动活动的组织，80%的幼儿教师认为擦桌子、摆椅子、浇花、种植、打扫卫生就是劳动。同时，劳动活动与教育活动分离，教师经常在教育活动结束的空隙或者零碎时间让幼儿自由、自主参与劳动，缺乏劳动与教育融合的认识。

（2）在组织形式上，包办代替多，主动放手少。部分幼儿教师在幼儿生活自理方面用包办代替培养，导致幼儿缺乏提升劳动能力的机会，缺乏对具体劳动行为的直接体验。比如幼儿不会吃饭时，教师动手喂；不会挽袖子时，教师帮忙挽。

（3）在方法路径上，说教多，策略少。很多时候教师基于安全的考虑，不敢也不愿让幼儿去体验、去实践，常常以抽象的说教或者简单的示范引导幼儿劳动，缺乏多元化的教育策略。

（4）在活动安排上，浅层劳动多，系统设计少。有极少数的幼儿园还没有把劳动教育列入幼儿园日程，导致幼儿园劳动教育缺乏目标性、教育性和系统性。幼儿不知道劳动有什么意义，只是抱着玩的心态，缺乏劳动的情感体验，进而影响了幼儿劳动的积极性。

3. 劳动教育体系不完善

当前，学前教育对于幼儿劳动教育的了解和研究缺乏全面性和深入性，幼儿园的劳动教育停留在表面认知，背离生活本真，缺乏对劳动与生活的关系的深入思考，脱离了"生活"这一实践场域，阻滞了幼儿自觉的劳动素养的形成，也阻滞了劳动作为一个独立的教育论题被幼教工作者思考研究。这样的现状导致了幼儿园劳动教育往往是在活动中进行的，内容呈点状分布，缺乏完整的结合幼儿园一日生活实践设计的幼儿劳动教育课程体系。

 寻找幼儿园劳动教育的支撑点

1. 政策依据点

教育部等发布《关于加强中小学劳动教育的意见》，提出用 3～5 年时间，积极探索具有中国特色的劳动教育模式，全面构建体现时代特征的劳动教育体系。中共中央、国务院发布《关于全面加强新时代大中小学劳动教育的意见》，把新时代劳动教育的重点概括为"爱劳动""会劳动""懂劳动"。

《3—6 岁儿童学习与发展指南》在健康领域提到："能使用简单的劳动工具或用具""引导幼儿生活自理或参与家务劳动，发展其手的动作，如自己用筷子吃饭、扣扣子、帮助家人择菜叶、做面食等"。《幼儿园教育指导纲要（试行）》社会领域的第五条目标指出："能努力做好力所能及的事，不怕困难，有初步的责任感""与家庭、社区合作，引导幼儿了解自己的亲人以及与自己生活有关的各行各业人们的劳动，培养其对劳动者的热爱和对劳动成果的尊重"。

2. 理论依据点

陶行知先生在《陶行知生活教育思想》一书中提出生活教育理论，包括三个方面。一是"生活即教育"，这是生活教育理论的核心；二是"社会即学校"，这是"生活即教育"思想在学校与社会关系问题上的具体化；三是教学做合一，这是"生活即教育"在教学方法问题上的具体化。

中国著名儿童教育家陈鹤琴认为，幼儿劳动教育的目的主要是从小培养他们爱劳动、爱劳动人民的感情，学习初步的劳动知识和技能，养成爱劳动的好习惯。

苏联杰出教育家、作家马卡连柯的劳动教育理论对幼儿劳动教育影响深远，经过多年的总结，马卡连柯提出了"通过集体、在集体中和为了集体"的集体教育理论。马卡连柯的这一思想，主要有两个要点。第一，单纯的、独立的劳动过程在教育上只是一个中立过程，对学生的教育作用很小。任何教育机构和学校，不能只有劳动而无教育，不能单纯地让学生劳动。更不要认为，只要有了劳动，一切教育问题就可以解决了。第二，劳动只有和知识教育、思想教育有机地结合，成为教育总体系中的有机组成部分时，才能起到教育的作用。

各项政策和理论都表明，幼儿园劳动教育要根植于幼儿园教育体系，要与幼儿教育相结合。幼儿园劳动需要和培养幼儿的知识技能、态度习惯有机结合，真正在教育中渗透劳动、劳动时结合教育。幼儿园劳动要从培养幼儿的劳动意识、劳动习惯和劳动情感做起。

幼儿园劳动教育要以幼儿生活为基点，以幼儿园教育为施力点，以幼儿"爱上劳动、点亮未来生活"为目标核心点，渗透到整个幼儿园教育体系中。

挖掘幼儿园劳动教育的实践点

杭州市萧山区是传统农业大区、现代工业强区和数字经济新区，"用劳动创造美好生活"的信念一直根植于勤劳而智慧的萧山人民心田。萧山区教育局于 2020 年 5 月制定出台《关于进一步加强中小学劳动教育的实施意见》，对区域推进新时代劳动教育做了顶层设计和科学部署，确立了"劳育融合"的理念，并依此理念对中小幼劳动教育做出整体规划，进一步明确了指导思想和要求，具体体现为"一个模式"和"三个重构"。"一个模式"，即在区域层面，以浙江省教育科学规划重点课题"迭代升级：以'新工匠精神'创新劳动教育模式的萧山实践"为引领，积极开展劳动教育研究和实践，提出以"新工匠精神"培育为主线，创新萧山新劳动教育模式。"三个重构"，即重构"全领域、全学段、全过程"的区域劳动教育体系。（1）探索劳动与学科教学、教育活动的融合。将离散型的劳动资源进行统整，系统融合于学校各学科、各教学领域，借助劳动教育融通德智体美，五育并举，渗透于各学科教学，实现劳育互融。（2）探索劳动教育与各学段的融合。为了确保劳动教育系统化，根据国家相关的劳动教育课程文件，明确区域中小学幼儿园劳动教育课程计划、劳动课程标准和劳动课程方案，结合各年龄段学生身心发展特点，把中小学幼儿园劳动教育课程总目标分解成年级阶段目标，编制 3—16 岁各年龄段幼儿劳动教育清单，从而开展标准化、阶段化、序列化劳动教育活动，做到各学段劳动教育目标内容与组织实施相互衔接。（3）探索劳动教育目标与过程的融合。在开展劳动教育过程中，需要统筹与策划。由于中小学幼儿园劳动教育没有相关教材，我区域从各项国家文件和方针政策中提到的中小学幼儿园劳动教育的内涵与外延入手，对中小学幼儿园劳动教育进行重新梳理，将其转化为中小学幼儿园劳动教育规范化的形式和内容。在制定各学段劳动教育目标的基础上，结合不同学段学生的认知水平，以学段为单位整合劳动教育素材，编写劳动教育校本教材，并据此设计劳动教育课程方案供各学段、各年级使用，保障劳动教育目标、内容的有效落实，实现劳动教育从目标到过程的深度融合，形成与国家劳动教育方针政策、省级劳动教育课程模式相匹配的区域劳动教育课程体系。

"一个模式"和"三个重构"实现了劳动教育"从有型走向有魂、从封闭走向开放、从离散走向系统"的新转变，最终建构起课程完善、资源丰富、模式多样、机制健全的劳动教育区域范式与地方样本。

 四　探寻幼儿园劳动教育的生长点

1. 幼儿园劳动教育在实践中落地

萧山区域劳动教育重视劳育结合，营造"上接天气、下接地气"的自上而下和自下而上循环发展的生态教育环境。在区域层面根据国家劳动教育政策导向自上而下地明确劳动教育理念、指导思想、实施计划和目标，在学校层面鼓励教师自下而上进行基层实践探索，鼓励教师创造性实施国家课程的同时在实践中探索形成自己的教学样式，还鼓励特级教师、名师创造性地开发教学模式和个性化的教材体系。目前，区内各学校因地、因校制宜打造了不少劳动教育特色品牌，本书正是学前教育学段以"创新萧山新劳动教育模式"为引领，"全领域、全学段、全过程"建构区域劳动教育体系的实践性新成果。书籍编撰凝聚区域内 25 所公办幼儿园一线幼教名师、名园长的教育经验，从实践者的角度探索可实践、可操作的幼儿园劳动教育实践，让幼儿园劳动教育从理念走向实践，从抽象走向具体，为更多幼儿园教师和家长提供3—6岁幼儿劳动教育的具体操作指南。在编撰书籍的过程中，很多幼儿教师用实践告诉我们，自下而上进行基层实践探索，教师是有愿望、有需求的，也是有能力的。我们应坚定不移地支持和引导，让教师在实践中成长，在实践中教书育人。

2. 幼儿园劳动教育在课程中生根

当下，国家课程、地方课程、校本课程构成了我国学校课程的结构。较之义务教育学段，幼儿园有更多、更大的课程自主权，创造课程的空间更大，课程生成的可能性也更多。从根本上说，幼儿园课程就是园本课程。园本课程更注重与幼儿、地域生活的联系，与实际经验的链接。

《浙江省教育厅关于全面推进幼儿园课程改革的指导意见》在"总体要求"中提出，要强化"一日生活皆课程"理念，"编制园本化课程方案，完善课程结构；加强课程建设，丰富课程资源；改进课程实施，提高活动实效；深化课程评价改革，提高教育整体质量，促进师幼共同发展"。

我们坚守课程育人的核心理念，根据国家、地方课程标准，在区域层面促进劳动教育与课程的结合，对园本课程开发、课程资源建设、课程评价等进行规划和设计。本书将学前教育阶段的劳动教育与幼儿园一日生活、教育环节进行整合，探究生活教育理念引领下的，以"劳动创造美好生活"为目标的，渗透幼儿园一日生活、源于幼儿一日生活的，符合幼儿园教育教学规律的劳动课程内容，并预设课程目标、建构课程内容、开辟课程实施路径、梳理课程评价体系，进行幼儿园劳动课程的创新开发，形成进阶式劳动课程体系。我们基于幼儿园一日生活明确了幼儿劳动教育的目的、原则、内容、方法，将劳动教育分为自理性劳动、服务性劳动、探索性劳动三大类，旨在引导幼儿形成"自理劳动创造个人生活美""集体劳动创造家庭生活美""探索劳动创造未来生活美"的品质，梳理探索出劳动教育源于生活又与幼儿园一日生活相融合，最终指向幼儿创造未来美好生活的幼儿园劳动教育新路径。

我们鼓励幼儿在幼儿园一日生活中养成自理、自立的劳动习惯，学做生活小主人；在幼儿园五大领域的各类劳动教育实践中获取劳动经验、掌握劳动技能，争做劳动小达人；在家园共育的亲子劳动活动中，形成积极的劳动态度，愿做家庭小帮手，争做爱劳动、善创造、乐生活的未来生活小主人。

3. 幼儿园劳动教育在幼儿发展中生长

教育的核心点不仅要关注培养什么样的人、怎么培养，更要关注教育对其生活的影响。伟大的人民教育家陶行知先生在《陶行知生活教育思想》一书中提出"生活即教育"理论，强调了教育与生活之间存在着不可分割的关系。教育要基于生活来进行，最终能优化生活、改造生活，引人向上、向前，找寻到生活的美好和幸福。劳动教育的真正意义在于赋予人美好生活的能力，幼儿身心发展的规律和特点决定了幼儿劳动教育的根本任务应以通过劳动培养幼儿良好的生活习惯、生活能力为核心。这里所说的生活能力不仅包括满足生存需要的基本生活自理能力，又包括为家庭、幼儿园等熟悉的集体做一些力所能及的服务的能力，还包括为未来生活奠基的劳动创造能力。

"引导幼儿爱上劳动，点亮未来生活"是本书的出发点，是萧山区域"劳育融合"理念在学前教育阶段的落脚点，更是劳动教育促进幼儿发展的核心点。

围绕"爱上劳动"，智慧的幼儿教师从幼儿兴趣出发，将教育智慧凝结为"儿歌、游戏、图示、微视频"，从幼儿一日生活所必须掌握的吃、喝、拉、撒、睡等基本技能入手，使幼儿对劳动产生兴趣，在动手、动脑、玩乐游戏中发展"自理劳动创造个人生活美""集体劳动创造家庭生活美""探索劳动创造未来生活美"的品质，潜移默化中爱上劳动。

围绕"未来生活"，根据维果斯基的最近发展区理念，本书构建了"生活小主人劳动课程""劳动小达人实践课程""家庭小帮手亲子课程"三大类别微课程群。对接新时期劳动教育核心价值，让"社会大劳动"走进园所小世界，萧山区域内25所劳动教育实践园从园本实际出发，结合幼儿的年龄特点和学习特质，围绕幼儿园种植劳动、饲养劳动、生活自理劳动、服务社群劳动、工艺劳动、工程劳动、节日劳动七个类别进行劳动教育实践，体现了劳动教育"大社会、大视野、真实践"的多样化课程样态。

劳动教育不仅要走向幼儿生活，融合幼儿当下生活，更要在引导幼儿热爱生活，发展幼儿创造美好生活的能力的同时，引领幼儿走向未来生活。

我们期许幼儿能够通过劳动教育发现自己的需求、能力和价值，体验与他人的合作、尊重和爱，并不断向世界伸出触角，用自己的双眼双手与大脑，探索现有世界的无限精彩，发现未来世界的无尽可能。

我们更期许本书能以幼儿喜闻乐见的课程模式走进幼儿园一日生活，帮助儿童夯实劳动之根基、养成劳动之习惯、获得劳动之情趣。

第一章

为什么要重视
幼儿园劳动教育

第一节
幼儿园劳动教育的内涵

　　什么是劳动？劳动是人维持自我生存和自我发展的唯一手段。劳动贯穿于个体生命的始终，劳动是促进人成长和成熟的重要因素。如果将人比作一朵蒲公英，劳动就是丰腴肥沃的土壤，是一切灿烂和希望的茁壮生长之处，也是随风飘浮的小小种子的永恒归宿。一个人自出生以来，围绕其生长、生活、生存需要而展开的劳动就开始了，而人一生的目的与价值也将在劳动中得以体现和升华。

　　何为劳动教育？目前，教育界尚没有统一的论述。其中，《教育大辞典》将劳动教育定义为："劳动教育是对学生进行劳动、生产、技术和劳动素养方面的教育。"中共中央、国务院印发的《关于全面加强新时代大中小学劳动教育的意见》明确提出：实施劳动教育的重点是在学生系统的学习文化知识之外，有目的、有计划地组织学生参加日常的生活劳动、生产劳动和服务性劳动，让学生切实经历动手实践，出力流汗，接受锻炼，磨炼意志；将劳动教育与智育分开，防止用文化课的学习取代劳动教育。

　　本书中幼儿园的劳动教育是指围绕幼儿一日生活开展的为自我服务的自理性劳动、为他人服务的集体性劳动和适应未来生活的探索性劳动为内容的教育活动，旨在培养幼儿"自理劳动创造个人生活美""集体劳动创造家园生活美""探索劳动创造未来生活美"的三大品质。我们希望，幼儿能够通过劳动教育发现自己的需求、能力和价值，体验与他人的合作、尊重和爱，并不断向世界伸出触角，用自己的双眼双手与大脑，探索现有世界的无限精彩，发现未来世界的无尽可能。

幼儿园劳动教育的特征

劳动教育需具备劳动与教育的双重特征。对于幼儿园教育来说，劳动与教育相辅相成，幼儿劳动教育应在保障劳动活动的基础上，避免有劳无教，让劳动在教育中进行，教育蕴含劳动目的。

幼儿园的劳动教育，由于教育对象的特殊性，具备了以下特征：

（1）生活性。幼儿园劳动教育的目标在于帮助幼儿习得基本的生活技能，其内容与支持材料也应贴近幼儿的实际生活。对于幼小的孩子而言，劳动这一概念显得有点遥远，为了让孩子们能够真实地体会到劳动的价值和乐趣，教师就必须将劳动教育融于幼儿园的一日生活中，并与家长通力合作，将劳动进一步融入幼儿的日常生活。因此，幼儿园劳动教育的内容必须与幼儿的生活息息相关，材料也应顺应幼儿的经验与兴趣，设置贴近幼儿生活与喜好的劳动情境，提供幼儿可以实际操作的支持材料，让幼儿从观察走向体验，从体验走向习惯，才能使幼儿劳动教育不至于像飘渺沉浮的杯中月那样可见不可得。

（2）游戏性。幼儿园劳动教育应当符合幼儿特殊的身心发育特点，顺应幼儿园以游戏为基本活动的教育方式，在丰富有趣的劳动游戏过程中提升幼儿的劳动素养。劳动意味着付出，有时可能还伴随着辛苦，如果不能进行科学适宜的组织，很可能使得幼儿不仅未能养成劳动习惯，反而将劳动当成了惩罚与负担，造成南辕北辙的结果。因此，在幼儿劳动教育中，教师应当多花心思，精心设计，从游戏中引出劳动的方式与意义，在游戏中推进对劳动的探索与思考，让幼儿能够主动地对劳动产生兴趣，自觉地进行劳动，快乐地探索劳动。

（3）探究性。幼儿园劳动教育应帮助幼儿通过劳动活动进行探究，促进幼儿思考、审美与创新等各项能力的综合发展，丰富幼儿的劳动体验和情感，并进一步拓展劳动教育的领域和形态。劳动是承载着人与社会发展的方舟，它绝不是永恒不变的，而是随时随地被人类赋予新的内容与形式。因此，在这个日新月异的科技时代，从小培养幼儿的劳动探究意识就显得尤为重要。只有探寻以前从未见过的世界，才能永葆好奇心与创造力，幼儿劳动教育绝不能永远"向经典致敬"，而要不断寻找现代科技和未来趋向的抓手，为幼儿提供探索的土壤。

第三节

幼儿园劳动教育的意义

劳动教育是幼儿品质之花的肌理，发展之树的骨骼，其意义不仅限于一人、一家，更是一个社会需要为之共同努力的重要命题。因此，学前教育领域的各大纲领性和指导性文件都对幼儿教育中的劳动有所关注和强调。

 幼儿园劳动教育对幼儿发展的意义

1. 劳动教育可以促进幼儿动手能力的发展

正如苏霍姆林斯基所指出的，"手与大自然和社会劳动的相互作用越深入孩子的精神生活，孩子的活动就越富有观察力、钻研精神、洞察力、专注精神和研究能力"。适当强度的劳动活动贯穿着劳动知识与技能的学习与使用，能够提升幼儿对于粗大运动的控制能力和身体协调能力，辅助健康体适能和竞技体适能的发展。适当精细度的劳动活动能够促进幼儿精细动作的发展，锻炼幼儿的身体协调能力，提高幼儿动作的稳定性和敏捷度。

"我看到了，我就忘记了；我听到了，我就记住了；我做过了，我就理解了。"教育家蒙台梭利认为儿童的智力体现在手指尖上，孩子是靠感官来学习的，提供给孩子的良好刺激愈多就愈能激发其内在潜能。她发现生命成长的自然法则后，强调尊重孩子，激发孩子自身巨大的潜能与创造力，且重视培养幼儿的动手能力。在蒙台梭利教育理论中，日常生活教育包括基本动作、照顾自己、照顾环境、生活礼仪等，培养日常生活自理能力，以及互助、爱物等好习惯。

陈鹤琴先生在"活教育"的教学原则中提出了两个"凡是"：凡是儿童自己能够做的，应当让他自己去做；凡是儿童自己能够想的，应当让他自己去想。也就是把生活的权利还给孩子，不要剥夺孩子劳动的权利。他说，小孩子生来好动，好动的天性与他能力的发展有着密切的关系，要让儿童用自己的手和脑去做去想。做事兴趣越做越浓，做事的能力就越做越强，开始做得不好，甚至失败是必经的步骤，应当让他去做、去实验、去学习。一切的学习，不论是肌肉的、感觉的或是神经的都是靠"做"，即自身的实践。

可以看出，中外学前教育家都发现了劳动教育对于幼儿身体发育的意义，幼儿的肌体和行为能力都在劳动的过程得到了发展，实践和探索能力不断提升。

2. 劳动教育可以帮助幼儿养成良好的生活自理习惯

《3—6岁儿童学习与发展指南》提出，要让儿童具备基本的生活自理能力，鼓励孩子们做力所能及的事情，并让他们掌握生活自理能力的基本方法，如穿脱衣服和鞋袜、洗手洗脸、擦鼻涕、擦屁股等。劳动教育需要了解不同年龄段的孩子能做什么，成人怎么引导幼儿学会生活自理，并通过实践的操作给幼儿提供自我劳动的机会、教幼儿自我劳动的技巧，在生活中有计划地安排幼儿参加力所能及的自我服务活动和劳动。幼儿园劳动教育应抓住日常生活中每一个可利用的机会，为幼儿提供动手劳动练习的机会，让幼儿养成生活自理的习惯。

3. 劳动教育影响幼儿性格的塑造

劳动能够影响幼儿道德行为的发展，帮助幼儿塑造良好的人生观、世界观与价值观。幼儿在自我服务的劳动过程中，能够增强自理能力，培养坚强的意志力与坚定的自信心；集体服务劳动能够使幼儿从帮助他人的过程中体验到自己"被需要"的感觉，认可自己的存在价值，学会热爱劳动，关爱他人，尊重他人的劳动成果，培养对集体的义务感与责任感；在探索性的劳动过程中，幼儿能够培养好奇心与创新精神，从劳动中获得审美体验，体悟劳动的意义，树立正确的劳动价值观。

4. 劳动教育影响幼儿良好意志品质的养成

从心理学角度来看，意志是人在有目的的行动中自觉调节行为和情感，克服困难的心理过程，要求人们控制情绪上的波动，克服体力上的障碍，坚持信念、排除干扰，做出不懈努力等。幼儿良好的意志品质包括独立性、果断性、顽强性和自制力四个方面。在以幼儿一日生活为载体培养幼儿劳动习惯的过程中，幼儿为完成一项劳动任务而表现出的"持之以恒""坚持不懈"、在劳动过程中体现出的"一丝不苟""耐心专注""精益求精"、在为他人服务中表现出的"乐于参与""勤劳质朴"等各项劳动品质，无不影响着良好意志品质的养成。

5. 劳动教育能激发幼儿对生活的热爱

苏联著名作家高尔基说："我们世界上最美好的东西，都是由劳动、由人的聪明的手创造的。"美不仅可以发现，还可以创造。丰富的劳动过程不仅彰显了劳动的趣味性，让幼儿在劳动中感受主体性以及与他人交往的主体间性，还能让幼儿在主客体相融合的和谐中产生美的体验。深入生活的劳动比其他任何时候都更能整合自我感觉，是有限与无限、目的与手段、生存需要与审美需要的有机统一，是人的存在的最完美、最和谐、最幸福的一种境界。

 幼儿园劳动教育对幼儿教师的意义

1. 为幼儿教师培养教学机智提供推动力

幼儿劳动教育的特殊性要求幼儿教师对劳动教育活动进行精心的组织和科学适宜的支持。在这样的过程中，幼儿教师能够丰富自身的理论基础，提高教学组织能力和思考能力，培养教学机智。这样一个新鲜且有挑战性的教育课题，对于幼儿教师的职业发展也能够起到重要的意义。

2. 一定程度上能减轻幼儿教师的劳动负担

对于幼儿教师而言，一日活动教育是其工作的主要内容。由于幼儿发展的特殊性，幼儿教师在工作中往往需要面对幼儿大量的生活问题，为幼儿清洁、整理等是每位幼儿教师的日常。培养幼儿积极的劳动态度、基础的劳动技能与良好的劳动习惯，能够充分发挥幼儿的主观能动性，减少幼儿在幼儿园一日生活中的消极等待和被动接受服务，进而一定程度上减轻了幼儿教师的劳动负担。

 ## 幼儿园劳动教育对幼儿家长的意义

1. 更新幼儿家长劳动教育的理念和方式

家是一个人发展的起点与终点，是爱与希望的来处与归处。家庭劳动教育是劳动教育体系的重要组成部分，是促进人的全面发展的奠基石。现阶段，幼儿家庭教育存在着家长教育素质不足、陪伴内容与形式单一等问题。

对于家长本身而言，幼儿园劳动教育的开展能够更新家长的教育理念，同时也能提高家长自身的劳动素质和思考能力，帮助家长在陪伴孩子进行探索的过程中找到生活最为本真的意义与乐趣。通过幼儿园劳动教育与家庭的合作，家长可以进行更为有效的家庭劳动教育，并在幼儿进行家庭劳动的过程中更加直观地看到孩子的成长，贴近孩子的内心情感，从而能够与孩子进行更为深刻与有效的交流，促进与孩子的相互理解，体会作为家长的幸福感与成就感。

2. 劳动教育从幼儿园到家庭的延续，有利于建立良好的亲子关系

对于家庭的亲子关系而言，配合幼儿园劳动教育所进行的家庭劳动活动能够丰富家庭教育活动的形式与内容，调节亲子关系，培养幼儿对家庭的归属感，提高家庭的凝聚力。在家庭教育的过程中，家长对于孩子，既有着亲密的关系，又不可避免地需树立权威，权威与亲密的相辅相成要求亲子之间良好沟通。家庭劳动是家庭必需的生活环节，但由于家庭本身的弱结构化特点，家长的劳动与幼儿的劳动往往边界模糊，甚至出现对彼此意志的占领和扰乱，如家长闯入幼儿的游戏情境或拒绝幼儿参与成人劳动世界的要求，又如幼儿以哭闹撒娇的情绪要求家长满足自己的游戏需求。幼儿园劳动教育则为家长与幼儿之间搭建了一座自由而受保护、平等而有边界的桥梁，通过家园共育下适宜的劳动教育活动，家长和幼儿能够寻找彼此间的平衡，从而探寻和谐的家庭教育路径，形

成互相理解、互相尊重的亲子关系。

由此可见，幼儿园劳动教育的意义并不局限于幼儿园这单一的场域，其辐射范围可以影响到幼儿、教师、家长及其所在的家庭小社会。本书期待通过培养幼儿良好的劳动态度、劳动技能与劳动习惯，培育出从小自理、自立、自主、自信的中国娃，为培育爱劳动、会劳动、懂劳动的时代新人奠定基础。

第四节
幼儿园劳动教育的目标

 幼儿园劳动教育培养总目标

　　为深入贯彻《关于全面加强新时代大中小学劳动教育的意见》以及当前各项学前教育政策及法规，幼儿园劳动教育应以培养"未来生活小主人"为总目标，努力让幼儿在一次次劳动体验中爱上劳动，点亮未来生活。

　　基于《3—6岁儿童学习与发展指南》的教育精神，遵循"系统设计，分阶实施"的理念，我们制定了幼儿园劳动教育目标。

　　在指标体系上，首先，以"三爱"为目标导向，旨在把幼儿培养成爱自己、爱家乡、爱生活的儿童。其次，以"三生"即生命、生活和生存为课程目标基础，所有课程的生成都不能脱离正确的生命观、热爱生活的态度以及生存的规律和法则。再次，以"三自"为劳动课程目标核心。幼儿能完成自理劳动是基础目标；幼儿可以进行自发性集体劳动是进阶目标；幼儿努力尝试自主性探索劳动为最高目标。最后，为了更有针对性地开展幼儿园劳动教育，我们对国家发布的现有劳动教育政策文件和核心期刊论文中劳动素养的构成因子进行解析，最终选取劳动态度、劳动技能和劳动习惯作为幼儿劳动素养的构成因子，主要围绕这三维来提升幼儿的劳动素养。

幼儿劳动教育需要幼儿园、家庭和社会三方的携手共进。所以，在幼儿园的劳动教育中，劳动活动内容的选材依据不局限于幼儿园的一日生活，还可以延伸至家务劳动以及社会实践劳动。

为了广大幼儿教师和其他幼教从业者更好地理清思路，现将幼儿园劳动教育培养目标的基本理念、基本原则、指标体系和年龄分级绘图如下：

在本节的后续内容中，将以劳动态度、劳动技能和劳动习惯这三维为基础，在具有明确内容的"三自"下，对年龄分级进行详细阐述，呈现一个进阶式的幼儿园劳动教育培养目标。

3—4岁幼儿劳动教育培养目标

类别	劳动态度	劳动技能	劳动习惯
自理劳动	愿意主动进餐，自觉进行餐后清洁。每日主动洗漱，保持自身的干净卫生。自觉穿脱简单衣物，主动整理自己的外套。	能平稳地使用汤勺吃饭，双手拿杯子自主喝水或牛奶。餐后有使用餐巾纸擦嘴和整理餐桌的意识。掌握洗手、擦鼻涕的基本方法。能够自主如厕。能穿脱鞋袜，能够自己穿外套和裤子，知道衣裤的前后。	在劳动中体验干净卫生的好处，养成清洁盥洗的习惯。体会自己穿脱衣服的自豪感，增强独立意识，养成自己穿衣的好习惯。
自发性集体劳动	自觉整理生活与学习用品。愿意进行简单的劳动服务。	能将玩具、画笔和图书放回原处。能够学会扫地。能够整理桌面，保持整洁。	喜爱整洁的环境，养成整理的习惯。分担家务、帮助他人，体验到自己"被需要"，获得价值感与自信心，养成帮助他人的习惯。
自主性探索劳动	愿意参与到生活中力所能及的劳动中，自觉动手操作。愿意照顾植物，了解简单的种植养护知识。	能够叠餐巾。能够剥果皮。能够参与制作汤圆等简单家务。能够为植物浇水。	体验劳动的快乐，享受劳动成果带来的美好，养成积极参与家庭劳动的习惯。萌发对植物的喜爱与探究之心，获得照顾生命的初步体验，养成关注与照顾植物的好习惯。

4—5 岁幼儿劳动教育培养目标

类　别	劳动态度	劳动技能	劳动习惯
自理劳动	愿意主动独立清洁盥洗。 愿意使用筷子进餐，主动为自己盛饭菜。 主动为自己穿脱衣物，并随天气自觉增减衣物。 愿意整理床铺被褥。	能够独立洗脸、刷牙，完成清洁盥洗。 能够自主使用筷子吃饭，为自己盛饭菜。 掌握穿脱套衫、拉拉链的方法，能自己完成穿脱衣服。 起床后能够自己整理床铺。	每日自主洗漱，养成卫生习惯。 养成独立进餐的习惯，不依赖他人。 睡前及起床后自主穿脱衣服，养成独立穿脱衣服的习惯。 起床后养成整理床铺的习惯。
自发性集体劳动	自觉分发和回收餐具。 自觉保持桌椅环境的卫生。 愿意保持图书柜的整齐，对教室内的桌椅书籍产生爱护之心，尊重他人的劳动成果。	饭前能够分发餐具，饭后将餐具回收到指定位置。 能够擦净桌椅。 能够自主整理图书柜，修补图书。	养成饭后整理餐具的好习惯，学会分类回收餐具与厨余垃圾。 喜欢整洁的环境，养成按时擦桌椅的习惯。 养成阅读书籍后将其整理归位，主动修补受损图书的习惯。
自主性探索劳动	愿意参与到生活中力所能及的劳动中，自觉动手操作。 愿意照顾植物，了解简单的照料动植物的知识。 感受动物的生命成长过程与植物浇水施肥、开花结果的过程，培养对于生命的责任感，体会与他人分享劳动成果的乐趣。	能够剥蛋壳、虾壳等。 能够制作沙拉等简单食物。 能够将不同衣物叠放整齐。 能够了解种植果蔬的基本方法并动手操作。	养成自己剥壳进食的习惯，不依赖成人。 喜欢探究有趣的花样劳动，养成主动参与劳动的习惯。 养成关注植物，喜爱饲养动物和种植植物的习惯。

类　别	劳动态度	劳动技能	劳动习惯
自理劳动	感受掌握自己生活细节的快乐，塑造独立人格与自我意识。 通过保持仪容仪表和自我空间的干净整洁，培养良好的日常习惯和生活审美，对自己负责。	能够自己系鞋带、扣扣子。 掌握独立洗澡的方法。 学会自己梳头。 起床后能够自己叠被子。 能够独立整理书包和衣柜。	养成自己系鞋带、扣扣子的习惯。 学会洗澡的方法，养成独立洗澡的习惯。 每天保持头发整齐，养成自己梳头的习惯。 养成起床后能够独立叠被子的习惯。 保持书包和衣柜的整洁，养成独立整理书包和衣柜的习惯。
自发性集体劳动	能够为他人着想，主动在生活与活动中为他人提供便利。 喜爱整洁有序的公共环境，培养环保意识。 愿意通过规则性的劳动活动来充分体验规则，建立规则，并共同遵守规则。	学会修补图书。 学会清扫地面，能够将垃圾分类处理。 学会整理房间，物品有序摆放。 能够为班级做好值日。	养成饭后整理餐具的好习惯，自觉分发和回收餐具。 自觉保持桌椅环境的卫生。 养成保持书柜整齐的习惯。
自主性探索劳动	萌发对生命的探索与热爱，培养生活的审美力。 体会在节日中品尝特殊食物的快乐，从参与节日食物的制作中体会传统文化之美。 热爱生活，探索生活中的创意与搭配，感受劳动为生活带来的幸福与乐趣。	能够参与种植与照料花草。 学会包饺子。 能够用多种方法创意叠毛巾、手帕等。 学会用多种方法围围巾。	主动参与到生活中力所能及的劳动中，养成自觉动手操作的习惯。 愿意照顾植物，了解简单的种植养护知识，养成科学照顾植物的好习惯。

第五节
幼儿园劳动教育的内容

　　幼儿园劳动教育目标的整体性和劳动意义的多元化，决定了劳动教育的内容必然是丰富且有所侧重的。除了要依据幼儿的身心发展特点确定教育的内容外，还要学会因时制宜，应时代的不同而变换。

　　基于现阶段幼教政策文件的指引和有关学者对劳动教育内容的认识，按照劳动类别，结合幼儿园一日生活、五大领域集体教学和各种活动梳理出"生活小主人""劳动小达人""家庭小帮手"三大课程内容，将幼儿熟悉的穿衣、叠被等自理劳动技巧，在幼儿园扫地、擦桌等集体劳动技巧，以及系鞋带、包饺子（汤圆）、种菜、种花等探索性劳动技巧，融合进幼儿一日生活、集体教学和各种区域活动、项目活动中，从劳动态度、劳动技能和劳动习惯三方面，着力培养幼儿为未来生活奠基的劳动能力、劳动习惯和劳动兴趣。（具体课程内容如下页图所示）

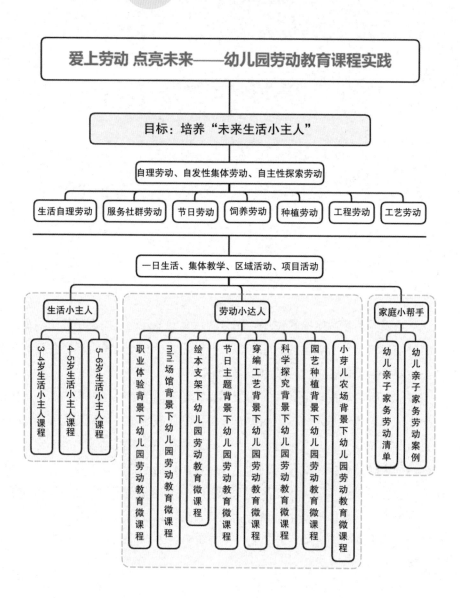

爱上劳动 点亮未来——幼儿园劳动教育课程实践

目标：培养"未来生活小主人"

自理劳动、自发性集体劳动、自主性探索劳动

生活自理劳动　服务社群劳动　节日劳动　饲养劳动　种植劳动　工程劳动　工艺劳动

一日生活、集体教学、区域活动、项目活动

生活小主人

3-4岁生活小主人课程
4-5岁生活小主人课程
5-6岁生活小主人课程

劳动小达人

职业体验背景下幼儿园劳动教育微课程
mini场馆背景下幼儿园劳动教育微课程
绘本支架下幼儿园劳动教育微课程
节日主题背景下幼儿园劳动教育微课程
穿编工艺背景下幼儿园劳动教育微课程
科学探究背景下幼儿园劳动教育微课程
园艺种植背景下幼儿园劳动教育微课程
小芽儿农场背景下幼儿园劳动教育微课程

家庭小帮手

幼儿亲子家务劳动清单
幼儿亲子家务劳动案例

第二章

幼儿园劳动教育
实施策略

第一节

幼儿园劳动与生活活动共融

开展劳动教育首先要从幼儿生活活动着手，要在"忠于生活"的劳动中享受劳动成果。生活活动属于幼儿园一日活动中的生活环节，是满足幼儿基本生活需要的活动。它主要包括入园、离园、进餐、喝水、盥洗、如厕、睡眠等常规性生活活动。[①] 我们要引导幼儿在"深入生活"的劳动中提升劳动体验，在"整合生活"的劳动中形成劳动素养。

 与一日生活流程共融

《幼儿园教育指导纲要（试行）》指出：要把一日生活看作是一个教育整体，让幼儿在生活中学习，在游戏中学习，学习联系生活，利用生活。碎片的生活致使幼儿劳动成果残缺，浅表的生活致使幼儿劳动体验不足，割裂的生活致使幼儿劳动观念错位。因此，要把"幼儿良好的劳动习惯"教育养成渗透于一日生活活动中，引导幼儿从自身

---

① 李奕. 幼儿园生活活动的实践研究 [J]. 当代教育论坛，2011（9）.

做起，从日常生活点滴小事做起。幼儿劳动习惯的培养要根植于幼儿一日生活，融汇于幼儿一日生活，最终服务于幼儿一日生活。

幼儿园劳动教育应适应幼儿园一日流程，以幼儿园一日活动中晨间来园、进餐、午睡、户外活动、学习及区域活动、特殊活动的时间分段为活动主线，挖掘出各个环节蕴含的劳动技能技巧，系统化地编制幼儿劳动教育生活网络，让劳动日常化、生活化、规范化。比如，我们根据一日生活流程，挖掘出每个时间段的劳动内容，如下表所示：

一日活动环节	劳动内容
晨间来园	1.整理书包、水壶等私人物品。2.天气预报。3.签到打卡。4.照顾植物、饲养班宠。
晨间锻炼及户外活动	1.帮助同伴塞汗巾。2.及时推水杯架，提醒同伴取拿水杯。3.活动前，帮助教师搬运体育器械，做好准备工作。4.活动后，协助整理活动场地，有序摆放。5.幼儿园公共场所及户外环境的打扫，如捡落叶、擦栏杆等。
早操活动	自主取拿早操器械。
生活活动（盥洗、点心）	1.主动洗手，并提醒同伴正确洗手。2.协助生活老师摆放点心盘。3.按需取餐。
进餐活动	1.协助教师进行餐前准备。2.自主盛饭、盛菜。3.播报美食。4.清理餐盘和桌面餐残，整理桌面。5.主动餐后擦嘴、漱口。
午睡	1.自主脱衣、整理、摆放。2.自主盥洗。3.午睡起床后自主穿衣、叠被、整理床铺。
集体教学	1.活动前主动做好自主性服务。2.活动中能协助老师、同伴分发、整理教学具。3.活动后能做好服务性劳动，如整理、收纳教学具，摆放桌椅等。
游戏/区域活动	1.协助老师做好准备工作。2.按需取材，有序操作。3.按照标识，收纳、整理游戏或玩教具材料。4.区域内"娃娃家""美容美发区"等劳动体验活动。5.整理书柜、修补图书等劳动。
离园活动	自主整理个人用品。

与幼儿生活环节共融

幼儿园一日生活环节包括入园环节、盥洗环节、进餐环节、如厕环节、喝水环节、自由活动环节、午睡环节与离园环节等，幼儿园劳动教育中的"自理劳动""自发性集体劳动""自主性探索劳动"三大内容，涵盖了幼儿生活中的各个环节。本书将自理劳动中所包含的技能技巧融入盥洗、进餐、如厕、喝水与午睡等环节，如洗手、穿衣、分发餐具等；将自发性集体劳动中包含的技能技巧，融入入园、晨间活动与离园等环节，如整理书包、衣柜，值日生照顾植物角等；将自主性探索劳动中包含的技能技巧融入自由活动环节，如花样叠衣、围围巾，制作汤圆、沙拉等；让幼儿在一日生活的各个环节中养成良好的劳动习惯，习得劳动技巧，形成劳动态度。

与幼儿在生活活动中的身心发展规律共融

劳动教育的内容和形式需要遵循幼儿身心发展规律，既要有助于达成认知和技能目标，也要实现幼儿情感体验的积累。当幼儿爱上劳动时，劳动中的喜悦、自豪、幸福感等美好的情感都会促进新的劳动行为，而劳动行为带来的成就和满足也会丰富劳动情感，从而达成完满的情感与行为闭环。

由于3—6岁幼儿发展的特殊性，幼儿园劳动教育应有渐进的层次。对于3—4岁的小班幼儿而言，虽然基本完成了对自己身体各个部位的生理探索，能够灵活运用自己的身体，初步萌发自我意识，但是他们的生活技能较为薄弱，自理能力处在由父母包办代替向自我服务转变的关键期，因此要聚焦自我服务劳动，帮助幼儿养成良好的生活习惯，形成对自我的掌控感，培养自信心。到了中班，幼儿处在过渡期，有其独特的年龄特点和心理发展规律，具体表现在有意性行为开始发展，能够集中精力完成一些力所能及的劳动，因此应在兼顾自理能力的基础上补充集体性的合作劳动与服务劳动，增强幼儿的社交能力和集体归属感。大班幼儿在发展过程中处于由自我转向他人的成熟阶段，因此劳动教育更加侧重于培养为集体服务的合作、奉献等精神，同时关注幼儿的创新思维和审美能力，丰富劳动的形式和内容，发掘劳动蕴含的更多的高层次品质。

幼儿园劳动与教育活动共融

　　幼儿园教育活动是指教师以多种形式有目的、有计划地引导幼儿生动、活泼、主动活动的教育过程。狭义的幼儿园教育活动主要包括游戏与教学两大类。我们实践幼儿园劳动教育，并不是要在现有的幼儿园课程体系中新增教育目标和教育领域，而是要探索儿童全面发展的教育目标（包括儿童劳动品质的培养）如何通过适宜、多样、丰富、有趣的劳动教育来实现。[①]

 劳动教育与五大领域共融

　　幼儿的发展是整体性的，强调领域之间与目标之间的相互渗透和整合，促进幼儿身心全面协调发展。劳动教育课程具有多样的类别和形式，也融汇于五大领域，既有侧重，又有融合，推动了幼儿各领域下技能与品质的发展。

　　生活自理劳动能够帮助幼儿学会基本的生活技能技巧，形成良

---

① 黄谨. 幼儿园教育活动设计与指导 [M]. 上海：华东师范大学出版社，2007.

好的卫生健康习惯，与健康领域中的教育教学活动共融。丰富的节日劳动、服务社群劳动能够帮助幼儿了解社会风俗，构建探索社会和与人交往的桥梁，既包含了社会领域下社交能力的发展，也促进了语言领域下幼儿的语言表达能力和前读写能力。有趣的饲养种植劳动给予幼儿完整参与和探索植物动物生长的过程，获得关于生命发展的直接感官体验，而实践性的工程劳动则为幼儿打开了通向操作探索的科学之门，与科学领域中的教育教学活动共融。而劳动教育中灿烂美好的工艺劳动则充满了艺术领域的美感与创新，多样的材料与丰富的形式向幼儿展示了艺术与生活链接的无限可能，可以将工艺劳动融入艺术领域。

劳动教育类别	所属领域	劳动教育内容
生活自理劳动	健康领域	进餐劳动
		洗脸洗手
		穿脱衣物
		物品整理
服务社群劳动	社会领域＋语言领域	职业体验劳动
		亲子体验劳动
节日劳动	社会领域	特定节日劳动
		特色节日劳动
饲养劳动	科学领域	飞禽类饲养
		家禽类饲养
		水产类饲养
种植劳动	科学领域	植物角劳动
		小农场劳动
工程劳动	科学领域	木工工程
		建筑工程
		水利工程
		运输工程

劳动教育类别	所属领域	劳动教育内容
工艺劳动	艺术领域	布艺劳动
		泥艺劳动
		木艺劳动
		草艺劳动
		纸艺劳动
		穿编劳动

 劳动教育与区域活动共融

　　劳动教育微课程的开展涉及方方面面，不仅包括集体活动的组织，更渗透了区域活动，丰富了区域活动的内容与形式。比如："编织小达人"劳动教育微课程为班级的区域活动提供了源源不断的内容，美工区的创意纸杯、五彩围巾、布条编编、娃娃辫、动物的新衣等，都为班级创造了独特的艺术风格和温馨的情感氛围；"五园劳动小达人"微课程则用草籽展览会、花艺展览会、果实创意展等丰富了班级的科学区，为幼儿提供了关于植物的直接经验与审美体验；"空中精灵的护'飞'使者"则通过认识饲养工具、"飞禽连连看"、"我的饲养图画书"等有趣的活动内容，为科学区、数学区、阅读区提供了与幼儿经验直接联系的内容，既记录了幼儿的发展，又推动了幼儿的思考。

 幼儿园学习活动中的劳动教育策略

1. 实践练习法

　　这种方法的主要特点是结合幼儿的真实生活，在日常生活中进行教育，如让幼儿练习收拾玩具、整理床铺、照顾小动物、种植花草等。中国俗语说得好：你听了你就忘了，你看了你就记住了，你做了你就掌握了。这反映的是"实践出真知"的一般认识规律，即只有通过自身实践所掌握的知识，才是真正属于自己的东西。实践练习法对促进幼儿良好劳动习惯的培养具有重要作用。因此，幼儿习惯培养要融入幼儿一日生活，凡是能够让幼儿亲自实践的，都要尽量提供机会让他们亲自实践。

2. 情景模拟与角色扮演法

教师可创设某种类似真实情景的虚拟情景，引导幼儿扮演不同的角色，根据角色的需要表演行为。这种策略基于幼儿的内心体验，使幼儿通过自身的实践、扮演等活动，产生真实的情感体验，直接促进行为动机的产生，进而促进幼儿行为的发生。如在真实的生活中，幼儿通过当值日生，培养了为他人服务的习惯，理解了值日生工作的辛苦，那么他在日常生活中会有意识地不乱扔废纸，主动保持环境整洁。

3. 游戏法

游戏在幼儿劳动习惯培养中具有重要作用。幼儿的自主游戏有助于幼儿劳动意识的培养，比如幼儿自由发起的开心小农场、户外捕虫等游戏。手指游戏有助于幼儿劳动习惯意识的内化，比如引导幼儿学系扣子、拉拉链的手指游戏，幼儿一边跟着儿歌说拉拉链、系扣子的口诀，一边用动作演示，能将劳动技能技巧通过语言、动作内化于心。角色游戏有助于幼儿为他人服务意识的培养。在角色游戏中，幼儿通过扮演不同的角色，体验角色情感、模仿角色行为，从而理解他人，学会根据角色的社会行为调节自己的言行，发展为他人服务的意识。

4. 艺术感染法

艺术感染法是通过幼儿喜闻乐见的文学、音乐、美术等艺术形式，对幼儿进行劳动习惯培养的一种方法。这里所说的艺术形式包括劳动习惯培养小故事、歌曲、童话剧等。艺术感染法非常适合培养幼儿劳动习惯，这是因为幼儿心理发展的特点和艺术活动特点具有高度的一致性，具体形象性与无意性，艺术活动中生动形象的情景、画面、文字、声音可以直接作用于幼儿的各种感觉器官，可以使幼儿更容易理解教育者要传递的各种信息，受到情绪的感染，产生内在行为动机，从而促进其道德行为的发展。这样培养劳动习惯不是说教式的，而是在潜移默化中让幼儿产生劳动动机，进而在看、听、说、表演的过程中促进劳动习惯培养知、情、意、行的和谐统一。

5. 体验法

教师可在日常教学中开展丰富的劳动体验活动，如劳动节日体验、社会劳动职业体验、种植饲养体验、手工制作体验等。根据小、中、大班年龄特点，可将体验活动划分为自我服务劳动及为集体服务劳动两类。幼儿在真实的生活体验中主动参与并创造生活，在动手中发展能力、在生活中增长智慧、在自主中培养习惯，从而爱惜生命、学会生存、热爱生活！

第三节
幼儿园劳动教育与家园共育共融

《关于全面加强新时代大中小学劳动教育的意见》指出，一段时间内劳动教育在学校中被弱化，在家庭中被软化，在社会中被淡化，中小学生劳动机会减少、劳动意识缺乏，只有家庭、幼儿园、社会整体推进、协同发力，才能更好地把劳动教育融入学生人生成长的全过程。一方面，家庭、幼儿园、社会三方力量要有的放矢、具体施策，家庭劳动教育要生活化、日常化，幼儿园劳动教育要规范化、系统化，社会劳动教育要多样化、具体化，将各自在劳动教育方面的优势充分发挥出来，形成协同育人格局。另一方面，家庭、幼儿园、社会要相互借力，形成沟通联动机制，促进劳动教育形成合力。

 提高劳动教育意识，创造幼儿劳动机会

在幼儿的劳动教育中，家长虽然已经萌生了劳动教育的理念，但却缺乏实施幼儿劳动教育的意识与能力。因此，家长要主动提高对劳动教育的认识，了解幼儿园内的劳动教育进展，积极参加幼儿园提供的有关幼儿劳动教育的讲座、论坛等活动，有意识地通过身教示范，借助孩子模仿家长行为的天性，引导子女逐渐参与力所能及的家务劳动，在家庭中及时给幼儿提供适合幼儿发展水平的劳动内容。要注重从幼儿技能与习惯培养方面引导幼儿学会"健康生活"，学会"责任担当"，生活化地培养子女热爱劳动的意识。

 合作开发劳动资源，丰富劳动教育内容

　　家庭资源和社区资源是幼儿园常常忽略的重要教育资源，尤其在劳动教育领域，丰富多样的劳动机会和劳动形式正蕴含于小家庭和大社会中。家长作为与幼儿相处时间最长、最了解幼儿性格特点和个人需求的重要角色，了解幼儿在劳动过程中的优势与不足，能够为幼儿提供更为个性化的劳动内容，不同家庭丰富的生活环境和工作领域往往能够给幼儿劳动教育增添新的生机。为将这种潜在资源转化为劳动教育资源，家园双方可借助家委会、家长会或班级互动平台等方式交流探讨，互相支持，合作探索，丰富幼儿劳动教育的内容与形式。比如，将家务劳动融进一系列亲子游戏中，让幼儿在轻松愉悦的氛围中掌握家务劳动技能。

 积极参与家园沟通，巩固劳动教育成果

　　家长应积极通过各平台与教师保持良好的沟通交流，及时了解幼儿近期的劳动目标、劳动活动与劳动成果，配合幼儿园帮助幼儿回家后依然保持良好的劳动习惯。同时，家长应对幼儿进行适宜的劳动评价，不应以完美为标准进行总结性评价，应以形成性评价为主，关注幼儿参与的积极性、对劳动的意识等，帮助幼儿在劳动中获得成就感和幸福感，支持幼儿主动进行服务劳动和探索劳动，塑造幼儿的劳动素养和劳动价值观。最后，家园双方可针对幼儿劳动教育中存在的问题、值得学习借鉴的劳动形式等，及时交流沟通，共同进行评价和反思，及时调整幼儿劳动教育的目标和策略，巩固劳动教育的成果。

3—4 岁生活小主人课程

我会喝水

 故事《白开水的秘密》

　　天亮了，熊哥哥和熊弟弟都起床了。吃早饭前，熊哥哥咕咚咕咚喝了一大杯白开水，熊弟弟却抱起甜饮料喝了起来。

　　一上午的幼儿园生活丰富多彩，快到中午时，熊哥哥已经喝了好几杯白开水了，但是熊弟弟只喝自己带去的甜饮料，不喜欢喝白开水。

　　放学回到家，熊弟弟又抱起一大瓶饮料喝了起来。熊妈妈生气地说："熊弟弟，你喝太多的甜饮料，会蛀牙的！还会长胖的！你要多喝白开水！"可是熊弟弟还是不听熊妈妈的话，只喝甜饮料。

　　突然有一天，熊弟弟的脸肿得像馒头，痛得哇哇大哭："呜呜！妈妈，我的牙齿好痛啊！"熊妈妈一看熊弟弟的牙齿长了好多黑黑的小点，马上明白了。

　　熊哥哥张开自己的嘴巴，牙齿又白又整齐，他对熊弟弟说："弟弟，你要学我多喝白开水，少喝甜饮料，才不会长蛀牙哦！"

熊妈妈接着说："对，白开水还会帮助我们顺利拉臭臭，把身体的脏东西都排出去呢！"熊弟弟听完，恍然大悟：原来白开水有这么多秘密呀，我以后一定要多喝白开水。

 儿歌《我爱喝水》

小小水杯手中拿，要喝多少把水加。

咕咚咕咚慢慢喝，喝完水杯送回家。

正确使用水杯的方法：要握好杯把，端稳水杯，将水杯边沿靠近嘴唇，张开嘴，喝一口咽下去，然后再喝第二口。

 区域游戏《卖水铺》

在区域游戏中，幼儿可自主分配角色——老板、服务员、顾客，老板在卖水铺的柜台上摆上不同颜色、形状、材质、价格的水杯，顾客可以自由选择自己喜欢的一款水杯，进行买卖游戏。这既可以锻炼幼儿的语言表达能力和数学逻辑思维，也可促进幼儿的交往能力，巧妙借助游戏变换喝水新玩法，逐渐提升幼儿"我要喝水"主动性。

四　喝水记录表

　　为了记录幼儿每天喝水的次数，我们制定了简单明了的喝水记录表。幼儿每次喝水后，自主在记录表上画上一颗圆点，用来记录自己喝水的次数。在下午放学前，幼儿自行去统计当天总共喝了几杯水。

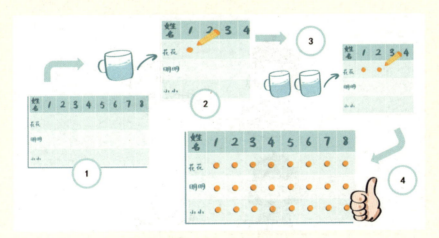

我会洗手

一 儿歌《挽袖口》

小袖子啊爬高山，
一爬爬到胳膊中，
袖子高高露手腕，
洗洗小手真方便。

二 儿歌《开关水龙头》

轻轻打开水龙头，
哗啦哗啦水儿流。
洗好手儿关龙头，
节约用水记心头。

三 儿歌《七步洗手歌》

两个好朋友，手碰手；你背背我，我背背你。

来了两个小螃蟹，小螃蟹；举起两只大钳子，大钳子。

我跟螃蟹点点头，点点头；我跟螃蟹握握手，握握手。

四 儿歌《擦小手》

小毛巾，手中拿，

先擦小手心，再擦小手背，

手腕、胳膊最后擦，再把毛巾送回家。

擦手方法：从毛巾架上取下小毛巾，打开小毛巾放在手心，依次擦干手心、手背、手指、手腕上的水迹，两只手都擦完后把小毛巾在毛巾架上挂好。

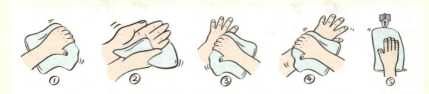

五 绘本推荐《根本就不脏嘛》

推荐理由：本书的主人公是一个聪明却有些让人头疼的小姑娘，她最大的问题就是不爱洗手。她觉得弄脏的小手，只要在裙子上蹭一蹭，就变得干净了。

后来小女孩听妈妈讲述了细菌的知识，想到了打针、吃药等可怕的事，于是决定以后一定要好好洗手！相信小读者们看了以后，也会重视洗手这件事哦！

 六 **讨论活动：什么时候要洗手**

我会擦鼻涕

一 儿歌《擦鼻涕》

小纸巾，对边折，双手按在鼻两侧。

慢慢擤出鼻中物，擦一擦，折一折，

我的鼻涕擦干净，纸巾放进垃圾桶。

二 擦鼻涕示意图

（1）对边折　　　　　（2）擤鼻子　　　　　（3）扔

故事《擦鼻涕》

午餐时，小青蛙坐在一边，一直低着头，动也不动。熊猫老师走过来轻声问："熊宝宝，你怎么了？"小熊低声说："老师，我有大鼻涕了。"老师说："拿纸巾擦掉就好了。"小白兔也走过来说："老师，我流鼻涕了。"熊猫老师高兴地说："小白兔流鼻涕能主动告诉老师，你真棒！小朋友要向小白兔学习！"小动物们都点点头。小白兔拿了一张小纸巾，对边折，双手按在鼻两侧，慢慢擤出鼻中大鼻涕。小动物说："小白兔，你真棒！"

 手指游戏《擤鼻涕》

小鼻涕，手不挖，
堵鼻孔，呼一呼。
用纸巾，轻轻擦，
爱干净，人人夸。
附：手指游戏《擤鼻涕》动作视频（二维码）。

擤鼻涕

 儿歌《有条"蚯蚓"真可笑》

有条"蚯蚓"真可笑，
顺着鼻子上下跑。
哧溜一声——
出来了，
哧溜一声——
进去了。
不是蚯蚓是鼻涕，
掏出手绢快擤掉。
不要挂在鼻子上，

让人看见多不好。

我会如厕

 故事欣赏

1.《我要尿尿》

晨间活动时，小熊哥哥坐在一边，低着头，两腿紧紧地夹着。熊猫老师走过来轻声问："熊宝宝，你怎么了？"小熊低声说："老师，我想小便。""快去吧，以后有事一定要告诉老师。"粉兔妹妹也走过来说："老师，我要尿尿。"熊猫老师高兴地说："粉兔妹妹想小便能主动告诉老师，你真棒！还有没有小朋友想上厕所？我们一起去吧。"小动物们主动排好队。粉兔妹妹进入厕所隔间，小动物们提醒她："粉兔妹妹，快关上门。"猴弟弟方便完刚走到门口，转身又跑了回去："哎呀，我忘冲厕所了！"正在洗手的粉兔妹妹和小动物们都笑了。

2.《猴宝宝粗心了》

猴弟弟身上忽然飘来一股异味，老师问："猴宝宝，你刚才大便小屁屁擦干净了吗？"猴弟弟说："擦干净了。""不论男孩还是女孩，大小便前都要先把裤子脱到膝盖处，大便完后用卫生纸从前往后擦，如果没有擦干净，还要再拿出一张纸擦一擦，卫生纸上干干净净就可以了。猴宝宝，你是这样做的吗？"熊猫老师说道。猴弟弟挠着头不好意思地说："我忘记看看纸上擦干净了没有。"猴弟弟笑着拿起纸向厕所跑去。

 儿歌欣赏

1.《我会小便》

脱下小裤子，小便入便池。

提好小裤子，冲水再洗手。

2.《我会拉臭臭》

脱下小裤子，便便排出去。
厕纸来帮忙，从前往后擦。
穿好小裤子，冲水再洗手。

女孩如厕示意图：

男孩如厕示意图:

附: 用气球模仿学擦小屁屁动作视频 (二维码)。

我会穿脱袜子

 谜语《猜袜子》

两只小口袋，天天脚上戴，

要是少一只，就把人笑坏。

 故事《学穿袜子的西西》

天气渐渐凉了，西西尽管穿着鞋子，可是小脚丫还是冷得缩成了一团。 这时，西西找到了妈妈，妈妈拿出一双小袜子说："小脚丫穿上它就会暖和起来咯。"可是，西西却发愁了，心想：小袜子应该怎么穿到小脚丫身上呢？

妈妈好像看出了西西的小心思，鼓励西西说："宝贝，请你动脑筋想一想，怎样才能将袜子穿到小脚丫身上，你动手试一试好吗？"西西接过妈妈递过来的袜子，认认真真地穿了起来，不一会儿西西兴奋地大叫起来："妈妈，妈妈，快来看，我给脚丫穿上衣服了。"

妈妈闻声走来，面带微笑地说："宝贝，你能告诉妈妈你是怎么做的吗？"西西自豪地回答："我先用手撑开袜口，拉紧袜腰，然后让脚丫钻进袜口，再使劲往上拽袜腰，袜子就穿上了。"妈妈看了看西西穿上袜子的小脚丫却哈哈地大笑起来。西西不解地问："妈妈，你为什么笑呀？"妈妈指着西西的小脚丫说："宝贝，你仔细看看袜跟应该穿在哪里？"这时西西低头一看，原来是自己一时粗心把袜跟穿到了脚面上。看到这里，西西不好意思地赶紧动手重新将袜跟穿正确。

最后，妈妈伸出了大拇指，夸奖西西不仅是个爱动脑筋的好孩子，而且还懂得自己的事情自己做。

看，穿上袜子的小脚丫可神气了，西西也感觉身体暖和多了。小朋友，跟着西西学一学，给你的小脚丫也穿上衣服吧！

三 儿歌《穿袜子》

> 小袜子，手中拿，袜尖朝前跟朝下。
>
> 大拇指，撑袜腰，十指慢慢向前爬。
>
> 爬到袜尖伸进脚，拽住袜腰往上拉，穿上袜子笑哈哈。

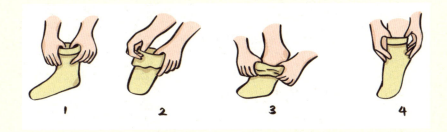

四 脱袜子图示

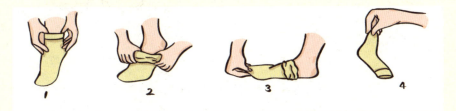

五 儿歌《叠袜子》

> 袜头对袜头，袜跟对袜跟，
>
> 袜口对袜口，卷、卷、卷，
>
> 张开大嘴巴，啊呜吃掉它。
>
> 袜子变球球，快快送回家。

1　2　3　4

我会穿脱鞋子

一　**儿歌《摆鞋子》**

小朋友，摆鞋子。

左右两只看仔细。

头碰头，脚碰脚。

鞋子摆好放整齐。

二　**儿歌《穿鞋子》**

两只鞋子头碰头，打开鞋扣拉鞋舌。

小脚丫，抬抬起，把它放进鞋子里。

蹬一蹬，提一提，再把鞋扣紧紧系。

1　2　3

游戏《鞋子找朋友》

（1）鞋子配对：在区域活动中，提供各种单只鞋的图片，引导幼儿按照外形、颜色、大小等特点进行配对。

（2）摆鞋子游戏：在教室里找个合适的位置贴好脚印图片，午睡前幼儿脱下鞋子，按照脚印的位置摆放整齐，旨在培养幼儿良好的摆鞋习惯。

（3）穿鞋大比拼：脱下鞋子放在指定的地方，听到指令后，孩子找到自己的鞋子，并正确穿好鞋子，快者为胜。

我会穿脱裤子

 故事《会穿裤子的小火车》

起床了，明明怎么也穿不好裤子，小美老师走过来看了看，原来明明把两条腿伸进了同一条裤腿里。小美老师说："我来给你讲一个小火车穿裤子的故事吧！穿裤子就好像两列火车钻山洞，呜呜——左边一列火车钻山洞了，呜呜——右边一列火车也钻进山洞了，哎呀，两列火车钻进同一个山洞，火车开不动了怎么办呢？"明明笑了笑说："应该倒车……"小美老师点点头，笑着说："对！呜呜，左脚伸进左山洞，右脚伸进右山洞，我们再来试一试吧！"小朋友们，你们也来试试"小火车"钻山洞吧！

儿歌《穿裤子》

> 穿裤子，分前后，撑开裤腰钻山洞。
>
> 左脚钻进左山洞，右脚钻进右山洞。
>
> 小脚钻出再起立，抓住裤腰提一提。
>
> 裤子穿得真整齐，爸爸妈妈表扬你！

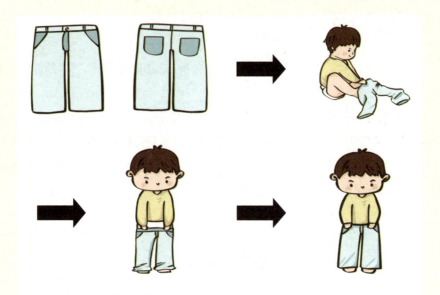

 故事《小火车脱裤子》

晚上要睡觉了，明明想着小美老师讲的穿裤子的故事，一边脱裤子一边说："倒车、倒车，左边山洞钻出一列火车；倒车、倒车，右边山洞钻出一列火车。哎呀！火车头卡在山洞口了，用手拉拉裤脚吧！呜呜，两列火车钻出山洞了，裤子脱下来了！"小朋友们，你们也向聪明的明明学习脱裤子吧！

四 **儿歌《脱裤子》**

> 小宝宝，脱裤子，
> 抓住裤腰往下脱。
> 脱到膝盖坐下来，
> 用力拉拉小裤脚。
> 拉好左脚拉右脚，
> 我的裤子脱掉了。

五 游戏《我会穿脱裤子》

当裁判吹响开始游戏的哨声时，幼儿先将裤子脱下，再快速将裤子正确穿上，率先完成者举手示意，以计时最快者为胜。

六 儿歌《叠裤子》

小裤子们排两队，两个队儿变一队。
弯弯腰来亲一亲，小裤子们变整齐。

我会穿脱外套

 儿歌《穿外套》

> 小小外套手中拿，披在后面像大侠。
> 穿了左手穿右手，颗颗纽扣钻进洞。
> 再来翻翻小衣领，穿得整齐好心情。

 穿衣小技巧 "小椅子帮帮忙"

　　找到衣服的前面，将衣服挂在小椅子背上，接着坐在椅子上，把手伸进一只袖筒里，起身，将另外一只手也伸进袖筒里，然后整理好衣服领子，扣好扣子或者拉好拉链。

三 儿歌《脱外套》

> 拉下小拉链，两手开小门。

左手帮右手，拉拉小袖口，
后面拉一下，前面拉一下。
衣服脱好啦，宝宝本领大！

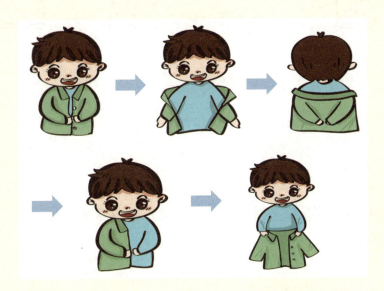

四　角色游戏《穿脱衣服》

在角色区摆放不同大小、颜色的娃娃，并投放不同款式的外套与配饰，幼儿在游戏中可自由为娃娃进行穿着搭配，掌握正确的穿脱技巧。在游戏结束后，将游戏材料放回原位。

五　儿歌《叠衣歌》

衣服宝宝放放好，
左手右手抱一抱，
先来点头再弯腰，

衣服宝宝叠好了。

我会扫地

 猜谜语

谜面：脚多站不住，要靠人来扶，扶着满地跑，垃圾被除掉。
谜底：扫帚。

 儿歌《小笤帚和大笤帚》

小笤帚，单手拿。
大笤帚，双手抓。
扫了星星扫月亮，
乐坏小草和小花。
屋子扫得净，
才是好娃娃。

 实践活动

活动材料：大扫帚、小扫帚、吸尘器、扫地车、垃圾桶。
扫地路线图：①直线型；②螺旋型；③四周向中心。

步骤：先双手握住扫帚扫地，选择扫地路线认真清理垃圾并整理，灰尘较多的可适当洒水后扫地，然后将畚箕中的垃圾倒入垃圾桶。

 游戏《扫地机器人》

游戏材料：音乐、粘球、充电桩标志、魔术肚兜、护膝。

游戏玩法：

（1）扮演扫地机器人，手膝着地爬行，把地上的粘球扫到魔术肚兜中。

（2）听音乐指令，手膝着地往前爬，扫垃圾多者为"超级机器人"。

我爱整理画笔

一 区域活动：画笔整理

内　容	图　示	材料与玩法
颜色对对碰		材料：带颜色标记的分类盒、各色彩笔若干。 玩法：在规定时间内，将各色彩笔投放对应色彩的分类盒内，用时最短、分类最准确的获胜。

内　容	图　示	材料与玩法
数字对对碰		**材料**：分类盒、不同颜色的数字贴纸、不同颜色的水彩笔。 **玩法**：两人一组，根据不同颜色的数字贴纸，将不同颜色的画笔进行数量分类。能找到正确的画笔颜色，并对应相应数量的一组为优胜者。
色卡对对碰		**材料**：各色纸杯、有颜色标记的色卡、各色彩笔。 **玩法**：两人一组比赛，选取一张色卡，每张色卡上有三种不同的颜色。将对应颜色的画笔放进纸杯，动作又快又准确的幼儿可以收走对方的色卡。
品种对对碰		**材料**：画笔种类的图片、水彩笔、炫彩棒、勾线笔。 **玩法**：在规定时间内，根据画笔种类的图片提示，为混乱的画笔找到属于自己的"家"。用时最短、分类最准确的获胜。
线条粗细对对碰		**材料**：笔芯粗细标记、水彩笔、炫彩棒、马克笔、粗细不一的勾线笔。 **玩法**：在规定时间内，根据笔芯粗细标记的提示，将画笔根据笔芯粗细进行分类，用时最短、分类最准确的获胜。
长短对对碰		**材料**：长短不一的水彩笔、炫彩棒、马克笔、勾线笔。 **玩法**：在规定时间内，根据画笔长短进行排例，用时最短、分类最准确的获胜。

准备材料：圆柱体零食罐、彩纸、彩笔、剪刀、固体胶。

相信有了这个笔筒，桌面上的笔和其他文具都会非常愿意待在自己的"小窝"里的。

1. 在长方形红纸上画上小点点	2. 再把纸粘贴在零食罐上	3. 然后粘上眼睛
4. 继续粘上眉毛和嘴巴	5. 剪一个绿叶当头发	6. 笔筒完成啦

三　儿歌欣赏

小小蜡笔真绚丽，
赤橙黄绿青蓝紫。
画鲜花，画小草，
画个太阳笑眯眯。
轻轻拿，慢慢画，
保护蜡笔不折断。

用完一支送回家，
我把蜡笔放整齐。

 故事欣赏:《整理画笔》

小小虎正在家里画画，五颜六色的画笔摊了一地。

这时候，猛猛狮和壮壮熊趴在小小虎家窗口大喊道："小小虎，小小虎，快出来玩儿！"小小虎一听，十分激动，大声喊了出来："好的，我马上来！"小小虎说着就起身跑出去，不料，踩到画笔，滑了一跤。

"哎哟，哎哟，好疼呀！呜呜呜……"猛猛狮和壮壮熊见小小虎滑倒了，连忙进门来："小小虎，小小虎，你怎么样了啊，哪里疼？"小小虎看着朋友关心自己的样子，破涕为笑，擦了擦眼泪，眼睛湿漉漉地说："没事，没事，就是刚才摔的时候背有点疼，现在差不多好了。"猛猛狮和壮壮熊这才舒了一口气。

"我们帮你一起整理吧，妈妈和老师都说，画笔要用一个拿一个，用完马上放回原处，这样就不会出现问题，也很容易整理。"壮壮熊说。

"是呀是呀，"猛猛狮应道，"现在这样子只能帮画笔一个一个找家了，蓝色的笔和蓝色的笔帽在一起，红色的画笔和红色的笔帽在一起，同样的颜色的笔和笔帽要在一起，一个画笔盒里是一个大家庭，每个颜色都不一样……"

"嗯嗯，我知道了，谢谢你们，我再也不会这样了。"小小虎说道。

整理着，整理着，不知不觉太阳公公就下山了。小小虎妈妈回来看到大家一起在整理画笔，很是欣慰，做了一个香香甜甜的草莓奶油蛋糕奖励给这三个乖乖的小朋友。

 游 戏

1.《小画笔找家》

游戏玩法：以 2 ~ 3 人为一组，每人自选一个彩笔盒，以最快的速度把画笔装在盒内。最先完成任务 1 和 2 的小朋友获胜。

任务1：放入盒内的画笔要保持头尾一致。

任务2：盒内每种颜色的笔不能重复。

2.《蜡笔穿衣服》

玩法：让幼儿闭眼后从笔筒里随机抽取两支画笔，睁眼看到画笔颜色后，马上选出对应颜色的纸质蜡笔卡片，并为其穿上对应颜色的"衣服"（涂色）。速度最快的幼儿获胜。熟悉过程后可根据幼儿的能力增加抽取的蜡笔卡片数量。

我爱整理玩具

 五大整理法

整理方法	举　例	操作说明
照片整理法	声光电类　安抚类　场景类　积木类	不同种类的玩具根据不同照片的提示放入玩具筐里。
图示整理法	第一步 → 第二步 → 第三步	根据图示步骤，将玩具整理整齐。
标记整理法		在整理形状和颜色都不一样的玩具时，可以用标记法来完成整理，根据标记信息的提示，迅速完成整理活动。

整理方法	举　例	操作说明
游戏整理法		夹娃娃机： （1）把所有的毛绒玩具摆出来，准备一个筐。让孩子自己扮演夹娃娃机，用手夹出自己最喜欢的一些娃娃放到筐里。 （2）事先可以跟孩子约定要夹出来的娃娃数量，剩下的就留在商店里（先收到不好拿的地方）。
创意整理法		纸杯收纳： 利用辅助工具矿泉水空瓶，对教室内纸杯进行收纳整理。

二　儿歌欣赏

1.《收拾歌》

宝宝有个家，
玩具也有家。
你有家，
我有家，
游戏结束都回家！

2.《整理玩具》

> 做完游戏收玩具，件件玩具要爱惜。
> 轻拿轻放不乱扔，分类摆好放整齐。
> 积木放在建构区，图书躺在书架里。
> 玩具睡觉我休息，下次游戏再找你。

（三） 故事欣赏:《爱整理的小兔》

　　小兔想找自己最喜欢的那本书，但是房间堆满了玩具，乱糟糟的，找了很久还是找不到。兔妈妈说:"宝贝，你如果把房间整理下，以后找东西就不会这么麻烦了。"小兔看了一圈房间，要怎样整理房间才会很整齐呢?

　　小兔先找来了装毛绒玩具的筐，把毛绒玩具整整齐齐放到一起。咦，毛绒玩具里有一块积木。小兔再把积木放到一起。可是积木很多，看着还是很乱，到底怎样整理才会整整齐齐呢?

　　小兔想了一下说，把不同颜色的积木分开放，就会整整齐齐了。小兔把红色积木放在一边，绿色积木放在另一边，再把黄色积木也叠在一起，然后开始整理蓝色积木。哇! 找到了，小兔最喜欢的书就在蓝色积木里。小兔把蓝色积木叠得整整齐齐。过了一会儿，小兔把所有的积木都按照不同颜色整理好了。在整整齐齐的房间里看书，真舒服。

我爱整理桌面

（一） 儿歌《整理桌子——真能干》

> 小桌子，真能干，
> 放玩具，放餐盘，

用好后，收起来。

玩具筐，放玩具；

餐盘箱，放餐盘。

一个两个不落地，

干干净净下次见。

二 游 戏

1.《传送带》

玩法：每人手中一本书，当音乐响起时，同等人数的两个幼儿小组开始将书一本一本地传送到下一个人手中，直至最后一个人手中。传递过程中，保证所有书本的正反方向一致。速度最快、方向一致的小组获胜。

小建议：

（1）选择动感的、节奏感强的音乐。

（2）若书本有大小差别，方向一致、大小分放、速度最快者获胜。若只做到其中一项或者两项，则做到要求项目数多者胜；若做到要求项目数一致，可以再比一次。

2.《眼疾手快》

玩法：在两组桌面上放置同等数量的剪刀和胶棒，音乐开始时，两组幼儿快速将剪刀和胶棒插回剪刀孔和胶棒座上，要求有序排列，速度最快者获胜。

我会叠餐巾

一 猜谜语

谜面：浑身都是毛，常在水中泡，擦脸和擦手，天天离不了。

谜底：餐巾。

儿歌欣赏:《叠叠乐》

小餐巾，铺铺平。

边对边，角对角。

看谁叠得快又好。

（三） 绘本欣赏:《猪哥哥和变身毛巾》

　　故事简介：绘本里一只可爱的猪哥哥最喜欢毛巾了，他走上舞台要用毛巾进行各种各样的变身。棕色的毛巾戴在头上变成了女娃娃；条纹毛巾放在嘴巴旁变身成了老爷爷；披上白色毛巾变成了晴天娃娃；大大的毛巾裹起来变成了一个小妖怪。不仅如此，猪哥哥还把毛巾盘成一圈一圈的形状放在头上装扮成冰激凌；用绿色毛巾变身成菜青虫；变成花蝴蝶、忍者……最后，猪哥哥在桶里放满了毛巾，"呼"地把桶里的毛巾向天上吹去，毛巾在空中四散开来，这次毛巾变成了美丽的烟花，完成了一次精彩的演出。

（四） 操作活动：叠餐巾

附：叠小餐巾动作视频（二维码）。

叠小餐巾

我会剥果皮

（一） 儿歌《剥桔子》

吃桔子，要剥皮，
两只小手齐努力。
桔子上面有小坑，
一个手指转一圈。
脱掉它的黄外衣，
一瓣一瓣吃嘴里。

（二） 儿歌《剥香蕉》

小小香蕉像把伞，
伞顶有个小黑点。
轻轻一捏向下拉，
变成一朵香蕉花。

附：除果皮微视频（二维码）。

除果皮

三　连线活动：水果与工具

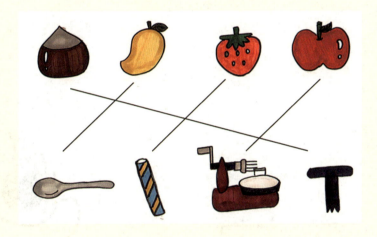

我爱做汤圆

一　猜谜语

谜面：身穿雪白外衣，心里香甜如蜜。正月十五沿街卖，人人吃着乐开怀。
谜底：汤圆。

绘本推荐:《汤圆一家》

绘本介绍: 绘本故事《汤圆一家》中讲述了涵涵一家人做汤圆、吃汤圆的故事。绘本中涵涵的爸爸妈妈爷爷奶奶分别按自己的身材做出了相似的汤圆,最后和宝贝一起品尝、分享,一家人其乐融融。

 儿歌《搓汤圆》

搓圆搓圆,

打扁打扁,

戳个洞洞,

放点白糖,

拿给妹妹尝。

 绕口令《做汤圆》

大家一起做汤圆,汤圆有甜又有咸。

煮好汤圆尝汤圆,吃在嘴里软又黏。

甜汤圆真甜,咸汤圆真鲜。

手指游戏《做汤圆》

揪面团,揉一揉,

变成一颗小圆球。

小圆球,压一压,

豆沙芝麻藏起来,

变成一颗小汤圆。

附：做汤圆动作视频（二维码）。

做汤圆

我爱植物角

 一　**植物角观察记录表**

我的观察记录

日　期		天　气		记录人	
照顾方式	晒太阳	浇　水	除　草	捉　虫	施　肥
我的发现					

二 四季植物我知道

季 节	蔬 果	花 卉
春 季	西红柿、茄子、豆角	太阳花、文竹、薄荷
夏 季	西瓜、草莓、黄瓜	荷花、牵牛花、茉莉花
秋 季	白菜、葡萄、萝卜	仙人掌、芦荟、吊兰
冬 季	菠菜、西蓝花、韭菜	风信子、常春藤

三 儿歌欣赏:《种西瓜》

小小孩，种西瓜。
先长叶，后开花，
小黄花，真好看，
结个西瓜圆又大。

四 小小工具我知道

工具名称	工具图片	用 途
水 壶		给植物浇水
放大镜		观察植物
镊 子		抓害虫

工具名称	工具图片	用　途
剪　刀		修剪植物
铲　子		填土、松土
照相机		拍照记录
尺　子		测量植物
木　棍		支撑、固定植物

 五 　儿歌欣赏：《浇花》

花园里，开满花；
最大最圆太阳花。
小水壶，手中拿，
拎着水壶来浇花，
嘀嗒嘀嗒嘀嘀嗒。

第二节

4—5 岁生活小主人课程

我会洗脸

 一 儿歌欣赏:《我会洗脸》

> 双手拿起小毛巾,
> 平平整整放手心。
> 洗洗眼,洗洗鼻,
> 洗洗嘴,洗洗颈,
> 最后擦擦小耳朵,
> 小脸洗得真干净。

 二 游戏《给娃娃洗脸》

材料准备:硅胶娃娃、小毛巾、小脸盆。

游戏玩法:

(1)挑选一个脏脸的硅胶娃娃。

（2）幼儿模拟生活情境给娃娃洗脸（搓洗毛巾、拧干毛巾、给娃娃擦脸）。

（3）比赛：看谁洗得又快又干净，获胜者获得奖励贴纸。

 三 故事欣赏：《不爱洗脸的小熊》

有只小熊，聪明又活泼，可就是不爱洗脸。

有一天，小熊过生日，熊妈妈给小熊做了许多好吃的。小熊一看，还有蜂蜜呢！他捧起蜜罐，喝了个够，嘴巴上沾满了蜂蜜。但是，小熊擦也不擦，就往花园里跑。

突然，在花园里寻找蜜源的工蜂们看到了小熊嘴巴上有蜜，就回到蜂巢，跳起了圆舞，采蜜队得到消息，就和工蜂们一起去采。

正和小伙伴玩的小熊发现了蜜蜂就大声喊："不好啦！蜜蜂来啦！"伙伴们被吓得惊慌失措。

有人大叫："快藏起来！"

小熊边跑边喊："救命啊！"

在家做蛋糕的妈妈听见了小熊的叫唤，冲出厨房，高声喊："儿子，先吸一口气，再把头伸到水里！"

小熊跑到池塘边，不敢迟疑，立刻把头伸进池塘里，那群蜜蜂无奈地飞走了，小熊这才脱了险。

小熊说："下次我一定要洗脸，讲卫生。"

小伙伴们听了，不由得哈哈大笑。

我会刷牙

一 故事欣赏：《牙齿上的黑洞》

兔宝宝每天睡觉前都吃糖果，吃完后不刷牙就去睡觉。后来，兔宝宝的牙上长了一个黑洞，疼得他什么也吃不下。

　　妈妈带着兔宝宝去看牙，花猫医生看了兔宝宝的牙齿后说："你平时吃的糖果太多了，又不爱刷牙，所以牙齿上长了黑洞。"花猫医生拔掉了兔宝宝的坏牙，兔宝宝的牙不疼了。后来兔宝宝每天坚持刷牙，牙齿变得越来越白，再也没有出现黑洞了。

 二　音乐欣赏

小牙刷
（童声齐唱）

小叶子 记谱

1=D 2/4
♩=86

(6·6 36 | 5·4 | 3 5 | 1 -) | 345 5 | 345 5 | 7·6 54
　　　　　　　　　　　　　　小 牙刷 手 中拿 我 已张开

35 2 | 512 3 (12 | 3432 3) | 543 2 (23 | 4543 2) |
小嘴巴 刷左 边　　　　　　　刷右 边

6·6 36 | 5 04 | 3 5 | 1 - | 345 5 | 345 5 | 7·6 54
上下里外 都 呀都 刷刷　　　早上刷 晚上刷 刷得干净

35 2 | 512 3 (12 | 3432 3) | 543 2 (23 | 4543 2) |
没蛀牙 漱漱 口　　　　　　　笑一 笑

6·6 36 | 5 04 | 3 5 | 1 - |
我 的 牙齿 白 呀白花花

 三　儿歌《我会刷牙》

　　　　　牙膏牙刷手中拿，挤好牙膏放嘴巴。

　　　　　先用牙刷转圈刷，再顺牙缝上下刷。

　　　　　里里外外刷一刷，咬合面要来回刷。

　　　　　牙膏水你别咽下，漱漱口就再见啦。

我会用筷子

 猜谜语

谜面：身体细长，兄弟成双，只会吃菜，不会喝汤。
谜底：筷子。

二　儿歌欣赏

小小筷子本领强，最前三指来帮忙。
筷子牢牢手中拿，一开一关美食夹。
快把美食送嘴里，啊呜一口吃掉它！

三　亲子小游戏

1.《搬运物品》

材料：筷子、饼干、蛋糕等物品。

玩法：幼儿手握筷子，将饼干、蛋糕等物品平放至筷子上，快速将物品运送至指定位置。

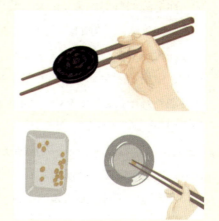

2.《夹豆子》

材料：小碗、筷子、若干豆子。

玩法：一个碗中放进大小不一的豆子，

在指定时间内幼儿夹豆数量多者为胜。如果前期有难度，也可以提供比较容易夹的物品，熟练后再夹小东西。

3.《堆高塔》

材料：筷子 10 ~ 20 双。

玩法：将每两支筷子交叉摆放，交错上升，慢慢地往上堆，就可以堆成一座高塔了。

（四） 故事欣赏:《神奇的筷子》

在一家商店里，一双印有可爱的小兔子图案的筷子正在等待着它们的新主人。一天，来了一个漂亮的小女孩，她看见了筷子，非常喜欢，要求妈妈买给她。于是妈妈付了钱，筷子来到了小女孩的家里。

午饭时间到了。小女孩坐到餐桌前，拿起小兔子筷子用了起来。"哎呀，弄疼我们了。"筷子喊了起来。原来，小女孩完全不知道怎么拿筷子，只见她把筷子握得非常紧，像用勺子一样。"谁，是谁在说话啊？"小女孩听到了喊声，问道。"是我们，我们是你手里的筷子。"小女孩低头看了眼手里的筷子，问："你们怎么会说话呀？我弄疼你们了啊？""是呀，不会用筷子的人就能听到我们说话。你把我们拿得太紧了。来，我们来教你用筷子吧，会用筷子你就能吃到很多好吃的菜啦。""好的。""首先，把筷尖对齐，接着在中间握住我们，大拇指、食指在上，中指在中间，无名指垫在下面。"小女孩照做了。"嗯，很好，然后食指、中指做开合动作，这样就能夹菜了。"小女孩听了后，把筷子夹向青菜，轻轻地一开一合，哇，终于夹到菜了。"耶，我夹到菜了，我会用筷子了！"她开心地叫道。"恭喜你，以后多多练习，你会把我们用得更熟练的。"筷子说道。"谢谢你们，可爱的筷子。"小女孩感谢道。可是她再也没有听到筷子的声音，因为她已经学会使用筷子啦。

商店里，又有一双可爱的小兔子筷子正在等待它们的新主人呢。

我会穿脱套衫

 故事欣赏:《粉兔妹妹学穿衣》

秋天来了，天越来越冷，一片片金黄色的树叶从大树上面落下来。粉兔妈妈从衣柜里拿出一件漂亮的套衫递给小粉兔说:"天冷了，把这件套衫穿上吧。"小粉兔一看:"哇，好漂亮的套衫啊! 可是怎么穿呢?"小朋友你们知道吗? 让我们和小粉兔一起来学一学吧。

 儿歌《穿套衫》

一件套衫四个洞，拿到手里找正反。

把头钻进大洞里，两只小手找小洞。

大洞往下拉一拉，我的套衫穿好了。

 区域游戏《给娃娃穿衣服》

材料准备: 各种不同大小的套衫、各种大小的娃娃。

游戏玩法:

a. 找到自己喜欢的娃娃。

b. 根据娃娃的大小找到匹配的套衫。

c. 坐在椅子上，把娃娃固定在腿上。

d. 按顺序给娃娃穿衣服。

e. 比赛：比一比谁穿得快。几位小朋友拿着娃娃做准备，另一位孩子喊："预备，开始！"看看谁给娃娃穿衣服的速度最快，奖励贴纸。

 四　儿歌《脱套衫》

抓紧袖口向下拉，藏起我的小胳膊。

左胳膊，右胳膊，左右胳膊缩回来。

抓住边缘往上翻，遮住我的小脸蛋。

露出脑袋把衣展，宝宝衣服脱好了。

 五　区域游戏《给娃娃脱衣服》

材料准备：穿着各种套衫的不同大小的娃娃若干。

游戏玩法：

a. 找到自己喜欢的娃娃。

b. 坐在椅子上，把娃娃固定在腿上。

c. 按顺序给娃娃脱衣服。

d. 将小衣服折好放平。

e. 比赛：比一比谁穿得快。几位小朋友拿着娃娃做准备，另一位孩子喊："预备，开始！"看看谁给娃娃脱衣服的速度最快，奖励贴纸。

我会整理衣裤

 儿歌《整理衣裤》

小朋友，学整理，
左手右手来帮忙。
小衣摆，拉拉齐，
我们一起塞裤子。
翘起一个大拇指，
捏住裤腰往外拉，
伸出另外一只手，
按住衣摆往里塞，
塞塞塞，转转转，
前后左右都塞好。
小衣领，整理齐，
动动小手我能行。

区域游戏《我给娃娃整理衣裤》

材料准备：各种娃娃、各种娃娃衣裤等。

游戏玩法：在活动区域投放各种娃娃玩偶和娃娃衣裤等，供幼儿进行给娃娃穿衣裤和整理衣裤的游戏。

我会拉拉链

 手指游戏《拉拉链》

小拉链，真有趣，就像小人坐电梯。

小人走到电梯底，两扇门儿才关闭。

电梯随着轨道走，一层一层升上去。

 区域游戏《我的拉链我来拉》

材料准备：各种不同类型拉链的拉链衫用衣架撑好挂在墙上。

游戏玩法：试着将每种不同的拉链拉一拉。

（1）（书包拉链）小小手，真能干，拉链沿着齿轮走，从头至尾闭上门。

（2）（单头拉链）小拉链，真有趣，就像小人坐电梯。小人走到电梯底，两

扇门儿才关闭。电梯随着轨道走，一层一层升上去。

（3）（双头拉链）两条小马路，正在闹别扭，你不理我，我不睬你，呜呜——开来一列小火车，双方握手变朋友。

a. 邀请幼儿上台来试一试拉不同种类的拉链。

b. 比赛：比一比谁的小手最能干。根据孩子的个体差异和能力特点为孩子选择合适他们的分组比赛，最后抉择出各个比赛的冠军，结束后教师根据比赛的过程进行评价与总结。

我会理床铺

 故事欣赏：《好朋友》

"咚咚咚"，响起了敲门声，小兔到小熊家做客。

小熊刚起床，小兔看到小熊的床上乱糟糟的："你起床后怎么不整理床铺呢？"

"我不会，总是妈妈帮我整理的。"

"我们都长大了，要自己的事情自己做。来，我教你吧：先把被子叠叠好，再把床单拉一拉，枕头放在另一边。看，多整齐呀！"

小熊开心地说："谢谢你，你真是我的好朋友！"

 儿歌《理床铺》

起床音乐耳边响，
穿好衣服再下床。

叠好被，拉床单，

枕头放在被子上，

整理床铺我领先。

（1）穿好衣服　　　（2）叠被子　　　（3）拉床单　　　（4）放枕头

 三 **故事欣赏:《哎呀，咬人的被子》**

　　熊猫康康样样都好，可就是有个坏毛病——他早上起来不喜欢叠被子。一天，熊猫康康"哇"的一声叫了起来。被子怎么会咬人啊！他把被子使劲一掀，只见一只小老鼠正在他的被窝里啃面包。熊猫康康没法子，只好把好朋友小花猫咪咪请来了。小花猫一进屋，小老鼠就吓得跳下了床。他没有跑，只是捉弄着小花猫。咪咪一不小心被放在路中间的大皮靴绊了一跤，头撞在凳子角上，他捂住头上的大包哭了起来。可小老鼠却躲在床底下啃着苹果，还高兴地唱起了歌。小花猫咪咪气得跑回家去了。

　　这时，熊猫康康的好朋友小浣熊来了，帮助熊猫康康把屋子收拾得整整齐齐，把地扫得干干净净，把被子叠得方方正正，床上又干净又漂亮。小老鼠再也别想来钻被窝了，只好慌慌张张地扛着小铺盖卷儿逃走了。

　　熊猫康康请来了客人小浣熊和小花猫咪咪，他们坐在沙发上喝茶聊天。客人们高兴地说："这样干净整洁的屋子，我们会常来做客的。"

四 儿歌《叠被子》

小被子，翻个面；
找长边，对中间；
点个头，抬个脚；
对折好，放床边。

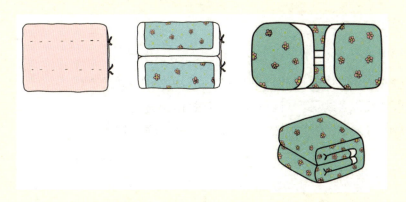

我会运被子

一 儿歌《运被子》

小朋友来运被子，
拎一拎，拖一拖，
抱一抱，扛一扛。
各种方法花样多，
自主生活乐呵呵。

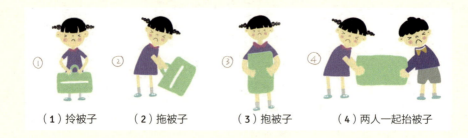

| （1）拎被子 | （2）拖被子 | （3）抱被子 | （4）两人一起抬被子 |

二　运被子的方法

（1）力气大的幼儿，单人可以用拎的方式运被子。

（2）一手拉住被子的两个环，单人可以用拖的方式运被子。

（3）可以尝试双手把被子抱在胸前进行运被子。

（4）年龄小、体弱的孩子可以和同伴一起合作抬被子。

三　体育游戏《我会运棉被》

材料准备：棉被、棉被袋子。

游戏玩法：场地上放置一些棉被、棉被袋子，引导幼儿用自己喜欢的方式，单人或双人合作运棉被。

我爱分收餐具

一　我爱分餐具

1. 儿歌《分餐具》

值日生，要注意，

分发餐具要牢记：

桌子面，擦干净，

小手也要洗干净，

再拿餐巾和餐具，

按照人数摆整齐。

2. 游戏《贴一贴》

玩法：根据人数贴勺子、水杯、餐巾、餐盘等粘纸。

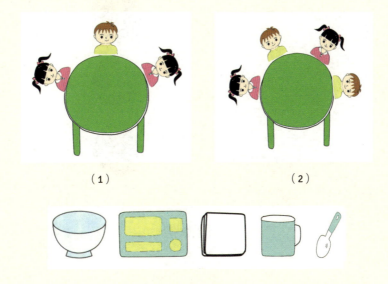

（1）　　　　　　　　　　　　　　（2）

温馨提示：请小朋友按每桌人数分发餐具。

 我爱收餐具

1. 儿歌《收餐具》

小朋友，真能干，

自己动手收碗盘。

碗盘叠放有次序,

再收勺子和筷子。

收好碗筷抹桌子,

勤劳卫生好孩子!

2. 游戏《连一连》

小朋友,我们要收拾餐具啦,快按顺序连一连吧!

我爱除尘

大抹布,

小抹布,

鸡毛掸子手中拿。

擦一擦,

掸一掸,

灰尘宝宝不见了。

口 罩	扫 把	畚 箕	拖 把	水 桶

抹 布	围 裙	掸 子	脸 盆	袖 套

三 手工活动：自制报纸帽子

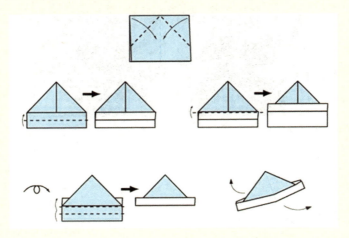

我爱系围裙

一 儿歌《系围裙》

小小围裙身上穿，
两根带子握握手，
翻了一个大跟斗，
变成两只小白兔，
小兔耳朵碰一碰，
变成一只花蝴蝶。

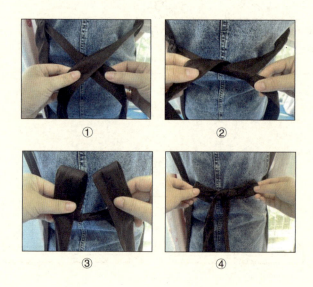

① ②

③ ④

二 游戏《我帮你系》

材料：小围裙若干。

玩法：将幼儿分为两个小组围圈站好，教师分发小围裙，幼儿根据系围裙
的步骤依次为站在自己前面的幼儿系紧围裙。用时最短者获胜。

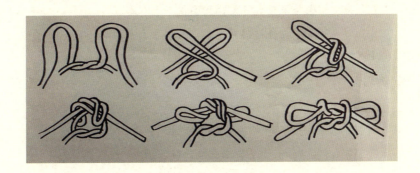

我能剥壳

一　儿歌欣赏

1. 需要工具类

小小锤子手中拿，坚果宝宝请躺下。

敲一敲，剥一剥，美味坚果出来啦。

2. 徒手类

小坚果呀真可爱，里面住个小乖乖。

双手捏住把门开，果仁果仁快出来。

3. 剥鸡蛋

小鸡蛋，圆又圆。

手拿鸡蛋敲一敲，

再放手心搓一搓，

一点一点往外剥，

多吃鸡蛋营养多。

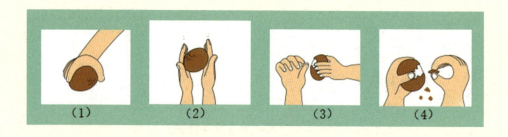

    （1）   （2）   （3）   （4）

 区域游戏

    教师提供各类坚果（花生、开心果、瓜子、碧根果、核桃、香榧等）、水果（香蕉、橘子、桂圆、山竹等）、小工具（石头、小锤子、木块等），供幼儿在生活区探索各种剥壳的方法。

    制作记录表、分类盒子、果壳皮收纳盒，幼儿操作后记录剥壳的方法并进行果肉果壳分类。

    玩法：幼儿自主选择活动材料，探索各种剥壳的方法，并在活动表中记录。

我会剥壳记录表

什么食物?	
是否使用工具?	
你成功了吗？怎么做的?	
遇到了什么困难?	

我能饲养

 儿歌《我能饲养》

你拍一，我拍一，小动物可爱又聪明。

你拍二，我拍二，动物饲养我来办。

你拍三，我拍三，春天我养蚕宝宝。

你拍四，我拍四，夏天蝌蚪找妈妈。

你拍五，我拍五，秋天乌龟慢慢爬。

你拍六，我拍六，冬天兔子蹦蹦跳跳。

你拍七，我拍七，投放食物要有讲究。

你拍八，我拍八，居住环境常清理。

你拍九，我拍九，保护动物我最棒！

 饲养工具与食物

动物名称	饲养工具	饲养食物
蚕宝宝（春天）	纸盒、篮子、盘子、镊子、鸡蛋壳	新鲜桑叶
蝌蚪（夏天）	水缸、网兜	面包屑、小鱼虫、肉末和菜叶
兔子（秋天）	兔笼、食盆	水、胡萝卜、青菜等食物
乌龟（平时）	水缸、砂石	龟粮、虾

 照顾流程

1. 照顾蚕宝宝

（1）采摘桑叶；

（2）叶面上没有水；

（3）将蚕宝宝挪到干净处；

（4）清扫；

（5）铺上新鲜桑叶；

（6）将蚕宝宝放回。

2. 照顾蝌蚪

（1）用网兜移走蝌蚪　　（2）水缸换水　　（3）换上静置三天的水　　（4）将蝌蚪放回

3. 照顾乌龟

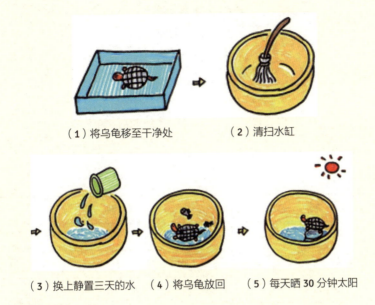

（1）将乌龟移至干净处　　　　（2）清扫水缸

（3）换上静置三天的水　（4）将乌龟放回　（5）每天晒 30 分钟太阳

4. 照顾兔子

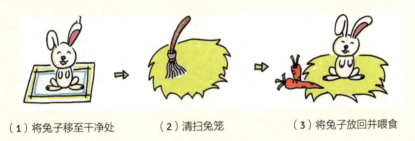

（1）将兔子移至干净处　　（2）清扫兔笼　　（3）将兔子放回并喂食

我能做沙拉

 儿歌《做沙拉》

挑一挑，选一选，

剥剥皮，切一切，
挤上沙拉撒芝麻，
左拌拌，右拌拌。
水果沙拉端上来，
营养美味人人爱。

 制作方法

1. 用料

材　料	数　量
苹　果	1 个
香　蕉	1 根
橘　子	1 个
小番茄	3 个
沙拉酱	100 克
炼　乳	50 克
芝　麻	5 克

2. 步骤图示

 区域游戏

游戏材料：各种仿真水果、粘土、玩具刀、砧板、盘子等。

游戏玩法：

（1）将仿真水果放在砧板上，让幼儿自主尝试用玩具刀进行横切、纵切的游戏。

（2）提供各种粘土，让幼儿通过搓、捏等方式制作水果，并尝试不同角度的切法。

（3）最后，让幼儿将自己切好的水果放入盘中，淋上沙拉（粘土拉丝）即可。

我能养护植物

 儿歌《爱护花儿》

花儿红，花儿艳，

五颜六色真好看!

我给花儿浇浇水,

花儿点头笑开颜。

花儿美,花儿香,

我为花儿捉虫忙。

人人爱花更护花,

美化环境靠大家。

二 植物观察记录

时　间	颜色、形状 (画下来并涂上颜色)	对植物的照顾 (对应处打"√")	
第（　）周		 晒太阳（　）	 浇水（　）
		 施肥料（　）	 和植物聊天（　）

三 手指谣

春天花儿开,

朵朵真可爱,

只能用眼看,

不能用手摘。

四 **区域游戏《叶子对对碰》**

根据不同形状将树叶进行配对，感知不同形状的特征，培养幼儿的观察能力。

5—6 岁生活小主人课程

我会整理书包

 猜谜语

谜面：身子方来耳朵长，胃口大得不得了，多种知识肚里藏，上学天天背上它。

谜底：书包。

 儿歌《整理书包》

小朋友，要牢记：
小书包，勤整理，
物品摆放按顺序，
大在下，小在上，
书本文具要分类，
拉上拉链真整齐。

你信不信，世界上有多少个香喷喷的包子，就有多少个臭烘烘的书包！瞧！新学期刚开学，爸爸就送了我一个白白胖胖的"大包子"。

"这可不是一般的包子，这个是'书包子'。"爸爸笑着对我说。

"可是，'书包子'是什么包子，好吃吗？什么馅儿的，快让我闻闻。""就知道你最爱吃包子，所以送给你一个书馅儿的包子。"爸爸说完打开了包子。

"爸爸骗人，这明明只是个包子皮儿。"

"别着急嘛，这位厉害的小学生，想不想试试自己包包子呢？"

"包包子，我不会。我只会吃包子：小笼包、灌汤包、蟹黄包、叉烧包、粉丝包、豆沙包、三鲜包，哎呀，光是想想都要流口水啦。"

啪，什么东西砸到了我？

唉，一张说明书：

包"书包子"，一学就会。

材料：课本、作业本、文具盒、课表、红领巾、水杯等。

步骤：

（1）所有课本从大到小摆放整齐；

（2）检查作业本，放在课本上；

（3）清点文具，放在文具盒中；

（4）对照课程表和记事本准备第二天要专门带的东西；

（5）为"书包子"搭配好红领巾、水杯等物品；

（6）清理杂物，拉好拉链，不露馅儿，保持"书包子"干净整齐。

"书包子"做好啦！这有什么难的，我一看就会，"爸爸，你就等着瞧吧！"

我自信满满地抱着包子皮儿来到书桌前，嘿嘿，开始包"书包子"咯！

第一步：所有课本从大到小摆放整齐。嘿嘿，用用妈妈的擀面杖。擀擀语文书，再擀擀数学书，怎么样，够平整吧？

第二步：检查作业本。等等，作业本我有，但检查作业本是什么意思？老师常说"再看看有没有做错的"，应该就是检查的意思吧。这个数虽然没写错，但我可以写得更好，擦掉擦掉，哎呀，擦破了，可恶，早知道就不检查了。

第三步：清点文具。这个我最喜欢了，铅笔1号、铅笔2号、铅笔3号……还有直尺大哥、橡皮兄弟。全体都有，立正稍息，铅笔3号出列，头发这么长，我来给你理一理。看嘛，这样才帅气。全体都有，回到文具盒，关灯睡觉。

"书包子"包好啦！让我先闻闻香不香：语文味、数学味、作业味、文具味……好像还少了点什么味。对了，还缺点五颜六色的艺术味，明天有美术课，让我把彩笔也包进去，还有红领巾、小黄帽、蓝手帕和绿水壶，一切刚刚好！

最后一步——本厨师包出来的"书包子"绝对干净又美观，"爸爸快看，香喷喷的'书包子'包好了！"

"嗬，好一个圆鼓鼓的大包子！"

爸爸接过我的书包，这里看看，那里摸摸……

当——

一枚硬币掉了出来，我的硬币。

"谁包的包子，都露馅儿了！"

"哼，我都穷得叮当响了，臭老爸还笑话我，不就是没清理杂物没拉好拉链儿嘛！"

"爸爸，我的书包整理得那么好，你是不是应该奖励我点什么呀？"

爸爸点点头，转身就跑了，他会给我准备一个大红包吗？

"热乎乎的真包子来咯，快吃吧，你辛苦了。"

"什么，就这个，不是吧——"

嘿，我的"书包子"包好了，你呢？你会整理书包了吗？

  四 自理能力竞赛：我会整理书包

材料：

（1）每位幼儿自备一个书包。

（2）5本幼儿用书、1盒油画棒、1盒彩色笔、1个笔袋和1根跳绳。

步骤：

（1）教师讲解整理书包的要求：大物品放在下面，小物品放在上面，零散物品放前袋或侧边袋，最后要拉上拉链。

（2）比赛开始，教师进行计时，幼儿整理完成后举手示意。

（3）裁判教师进行评选，最后以书包整理得整齐、美观，时间又短者为胜。

我会系鞋带

 故事《系鞋带》

叮铃铃——

呼噜猪："我来接！我来接！喂，请问你找哪位？"叮当狗："喂，呼噜猪，我都准备好了，我现在过去找你们。"呼噜猪："好的，一会儿见。"

呼噜猪："草莓兔，草莓兔，咱们快点走吧！"草莓兔："啊，呼噜猪别着急，等我把鞋子穿好，要不会摔跤的。""快点，快点啦！一会儿叮当狗等急了！"

呼噜猪："哈哈，出去玩真高兴……啊——"伴随着一声尖叫，呼噜猪摔倒在地。

呼噜猪："原来是鞋带绊的我！"

草莓兔："怎么了？"呼噜猪哭着说："我不会系鞋带。"叮当狗说："这个我会，让我来教教你吧！小小鞋带手中拿，一左一右先交叉，轮流弯腰钻过门，两手拉住系紧它，折出两个小耳朵，我的鞋带系好了。""谢谢你，叮当狗，你的方法真好。"呼噜猪高兴地说。

小朋友们，我们一起来跟着叮当狗学一学系鞋带的方法吧。

 儿歌《系鞋带》

小小鞋带手中拿，

一左一右先交叉，
轮流弯腰钻过门，
两手拉住系紧它，
折出两个小耳朵，
我的鞋带系好了。

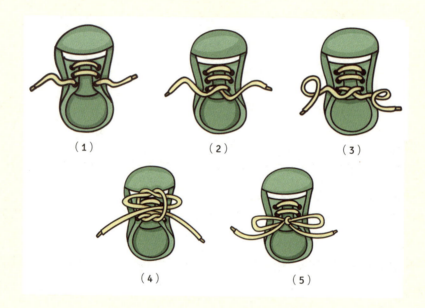

（1）　　　　　　　（2）　　　　　　　（3）

（4）　　　　　　　　（5）

○三　**区域活动：系鞋带**

材料：纸板、刻好的鞋子模型、鞋带、铅笔、剪刀、鞋带。

玩法：

（1）先用笔画出鞋底和鞋面（洞洞也画出来），设计自己喜欢的花色。

（2）用剪刀沿着轮廓剪下来，洞洞处打孔。

（3）自由探索多种系鞋带的方式。

（4）同伴间相互展示自己的作品，进行交流讨论。

手指游戏《系鞋带》

> 两根鞋带手中拿，
> 一左一右打叉叉，
> 两根手指捏住它，
> 穿过洞洞拉一拉。

五 **游戏《系鞋带》**

材料：有鞋带的鞋子、计时器、记录表。

玩法：

（1）激发兴趣。教师出示一双系着鞋带的漂亮鞋子，提问：小朋友，你们系鞋带时用的是什么方法呢？

（2）示范。请一名会系鞋带的幼儿示范怎么系鞋带；师幼共同回顾系鞋带的方法。

（3）比一比。幼儿3人一组，教师宣布比赛开始后进行计时，幼儿系完鞋带后举手示意，用时最少的幼儿获胜。

我会梳头

一 **儿歌《我会梳头》**

> 梳头发呀好处多，
> 小朋友要勤梳头。
> 先从发根往下梳，
> 再由里面往外梳。
> 一下两下三四下，

五下六下七八下。

早上起来要梳头，

整齐清洁又美观。

正三股编辫儿步骤图

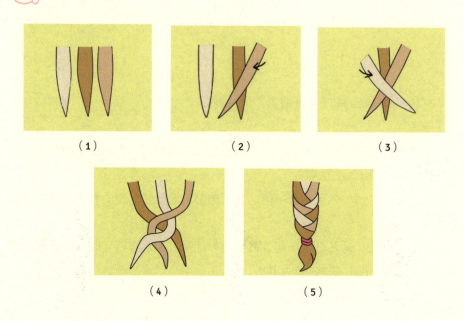

（1）　　　　　　　　（2）　　　　　　　　（3）

（4）　　　　　　　　（5）

区域游戏《一起来编辫》

　　游戏材料：塑料瓶做的立体娃娃、长条带、橡皮筋、发夹等材料。

　　游戏玩法：任选一个娃娃；选择三根长条带编辫子；对编好的辫子进行装饰。

儿歌《扎辫子》

　　　　头发梳顺后，一手抓头发，一手套头绳。

　　　　换手抓头发，头绳套进去，头绳绕一圈。

　　　　头绳套进去，绕一绕，套一套，辫子扎好了。

五　区域游戏《自己设计发型》

　　游戏材料：纸盘做的娃娃、长条带、橡皮筋、发夹等材料。

　　游戏玩法：在发型记录表中为自己设计发型，对照记录表，尝试编出相应的发型。

自己设计发型记录表　　幼儿姓名：

周一	周二	周三	周四	周五
马尾辫	两只麻花辫	羊角辫	小熊辫	一只麻花辫

我爱垃圾分类

一　儿歌《垃圾分类》

　　　　你拍一，我拍一，不要随手丢垃圾；

　　　　你拍二，我拍二，垃圾分类要牢记；

你拍三，我拍三，绿色大桶装剩菜；

你拍四，我拍四，回收垃圾进蓝桶；

你拍五，我拍五，红色标识有害物；

你拍六，我拍六，其他垃圾装黑桶。

小朋友，请记住，垃圾分类靠大家。

 区域游戏

游　戏	材　料	玩　法
《投投乐》	四色垃圾桶、贴上垃圾的标志的球	按照垃圾分类，投进对应的垃圾桶，规定时间内投对数量多者获胜！
《跳跳乐》	四色垃圾桶、跳跳袋、垃圾图片	将跳跳袋套上，拿取垃圾图片，跳跃前进，贴到板上，贴对记一分，规定时间内分数高者获胜！

 垃圾分类小小监督员

日　期		可回收物 Recyclable	其他垃圾 Other waste	易腐垃圾 Perishable waste	有害垃圾 Hazardous waste	问题反馈
第周	星期一					
	星期二					
	星期三					
	星期四					
	星期五					

注：请你来当一当垃圾分类小小监督员，每周来记录幼儿园垃圾分类的情况，垃圾分类

正确的打√，有疑问的在"？"处记录并展开讨论。

 四 垃圾旅行记

可回收物　拉圾车运输　　垃圾中转站　收集运输系统　可回收物分拣中心

有害垃圾　拉圾车运输　垃圾中转站　收集运输系统　无害化处理

其他垃圾　拉圾车运输　垃圾中转站　收集运输系统　垃圾焚烧处理厂

易腐垃圾　拉圾车运输　　垃圾中转站　收集运输系统　易腐垃圾处理厂

我爱整理房间

儿歌《整理房间》

小闹钟，叮当响，我催妈妈快起床，我们一起整房间。

我擦桌，她拖地，我摆鞋子她叠衣，房间整得快又齐。

故事《小熊变了》

小熊妈妈让小熊把自己的小房间收拾整齐，可小熊却满不在乎地说："不收拾也没关系！"

晚上，小熊睡着了，他听见自己小房间的积木、玩具们在说话。积木说："小熊都没把我们放回我们自己的家，我们不喜欢小熊了，也不想和他玩了。"一本图书说："我被凳子踩在脚下，好疼啊。"图书一边说一边伤心地哭了起来……小熊猛然惊醒了过来，他赶紧从床上爬下来，看看积木和书本，发现积木都散落在地上，书本被凳子压在下面，于是赶紧把积木和书本都放回原来的位置，卧室里所有的玩具和书都被收拾得整整齐齐的。

早上，小熊穿好衣服，开始叠被子，从两边往中间折，枕头也放好。一二三，刷完牙，牙刷放进水杯里。洗洗手，擦擦脸，毛巾挂在架子上。吃完早餐，小熊把碗筷送到洗碗池，回头还不忘把桌子也擦干净。

小熊转身看到客厅的地上也都是自己的玩具，想起昨晚玩具们的对话，瞬间红了脸，他马上把图书放回小书架，小书大书分开放，摆放整齐像排队。玩具车，滴滴滴，小熊把车全部开到小车库，一个挨一个。沙发上的衣服收拾好，两只袖子对着折，上下再对折，叠好放进房间衣柜里。叠袜子，一只下，一只上，上下放一起，卷卷变成小葱卷。

全都收拾好后，房间变了样，干净又整齐，妈妈直夸小熊变了样，小熊听了开心地笑。

房间整理步骤图

（1）整理桌面　　　　（2）叠衣服　　　　（3）整理玩具

（4）整理书柜　　　　（5）收拾桌椅　　　　（6）清扫地面

四　区域游戏《小鬼当家》

游戏材料：各类衣服、各类书籍。

游戏玩法：

（1）教师提前布置好生活区及表演区的游戏材料，请幼儿扮演家庭主人，归类、整理物品，并放到指定的摆放位置。

（2）游戏可计时，比一比谁的用时少且摆放得整齐，可以获得小当家奖章一枚。

五　家庭小游戏《我的整理小妙招》

游戏玩法：

（1）家长和孩子一起针对孩子的房间设计一张简单的物品摆放示意图，可大致分为衣物类、玩具类、书籍类。如衣物类可分为上衣、裤子、袜子内裤等。让孩子自己在每一个区域画上物品的小标志，清楚每一个区域该摆放什么，鼓励孩子每日自己整理自己的物品。

（2）可一起商讨设置奖励，推荐儿童版的清洁工具。孩子很容易被迷你的东西所吸引，所以可以在孩子完成任务之后选择一些特殊的工具作为奖励，如小扫把、短一点的小拖把、可爱的抹布等。

我是值日生

 儿歌《值日生》

太阳公公当空照，值日生呀来得早；

先把毛巾挂挂好，再把杯子放放好；

我给花儿浇浇水，我把音乐放起来；

小朋友们都来到，我的点名真好玩；

新闻趣事说起来，值日生呀最厉害。

 图　示

擦桌子

摆椅子

收图书

摆玩具

报菜名

摆餐具

浇花草

点名册		1	2	3	4	5	6	7	..
个数									
品种									

点名字

区域游戏《新闻播报》

建议:

（1）在做值日生的前一天和爸妈共同关注重点新闻，或了解身边的一些新闻趣事，为第二天新闻播报做准备。

（2）做值日生当天需要提早到园，做好值日生的一些工作。

新闻播报稿

我叫……

今天我给大家播报一个新闻。在 2022 年，我们杭州将会举行盛大的亚运会，将会有非常多厉害的运动员叔叔阿姨们来到我们杭州。到时候我们可以邀请家人、朋友一起去观看比赛。我的新闻播报到此结束，谢谢大家！

区域游戏《设计值日生牌》

　　游戏材料：各类彩色纸、画笔、辅助装饰的小材料、挂绳、贴纸等。
　　游戏玩法：自己设计自己的值日生头像。自己选择喜欢的值日任务，设计挂牌。

五 区域游戏《卫生工具大调查》

　　玩法：将卫生工具剪下来制作成小卡片，在合适的位置进行粘贴。

卫生工具调查表						
很多纸屑的地面						
很多灰尘的地面						
很多水渍的地面						
很多丝线的地面						

卫生工具

我会修补图书

一　儿歌《我会修补书》

我有一双小巧手，样样事情都会做。

剪涂拼贴装又钉，修理图书我最牛。

二　修补工具

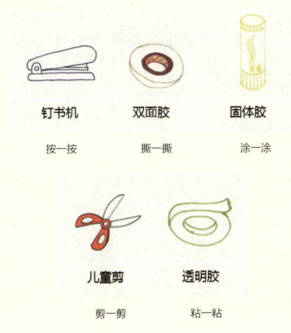

钉书机	双面胶	固体胶
按一按	撕一撕	涂一涂

儿童剪	透明胶
剪一剪	粘一粘

三　修补图书

　　根据书本破损的情况，确定需要修补的工具以及修补方式。通过剪、涂、拼、贴、钉等动作，可一人单独、两人合作等进行修补。

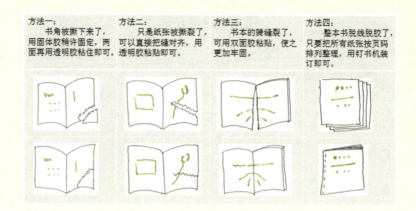

方法一：
　　书角被撕下来了，用固体胶稍许固定，两面再用透明胶粘住即可。

方法二：
　　只是纸张被撕裂了，可以直接把缝对齐，用透明胶粘贴即可。

方法三：
　　书本的骑缝裂了，可用双面胶粘贴，使之更加牢固。

方法四：
　　整本书脱线脱胶了，只要把所有纸张按页码排列整理，用钉书机装订即可。

我能包饺子

 儿歌欣赏

1.《包月牙形饺子》

　　　面团擀成小圆片儿，中间放上饺子馅儿，对折一下包住馅儿；
　　　食指拇指捏住皮儿，两头尖尖像月牙儿。

2.《包元宝饺子》

　　　面团擀成小圆片儿，中间放上饺子馅儿，对折一下包住馅儿；
　　　轻轻关上小嘴巴，两头尖尖来交叉，变成元宝手中拿。

3.《包星星饺子》

　　　　面团擀成小圆片，中间放上饺子馅；
　　　　捏住两边中间挤，变成星星真美丽。

二 擀饺子皮图示

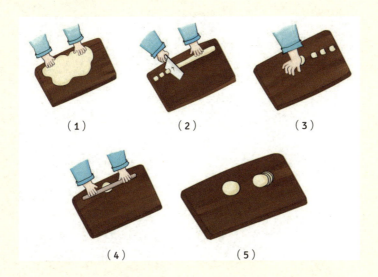

（1）　　　　　（2）　　　　　（3）

（4）　　　　　（5）

三 包饺子图示

月牙形饺子包法：

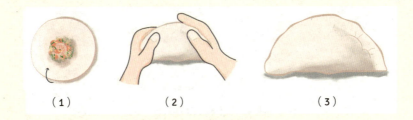

（1）　　　　　（2）　　　　　（3）

元宝形饺子包法：

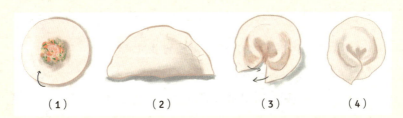

（1）　　　　　（2）　　　　　（3）　　　　　（4）

星星饺子包法：

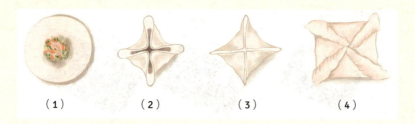

（1）　　　（2）　　　（3）　　　（4）

四　创意包饺子

我能创意围围巾

一　儿歌《围围巾》

小小围巾双手拿，两头握住中间拉，
套在头上找山洞，钻过洞洞拉一拉，
漂亮的围巾围好了。

第一种围法：

（1）　　　　　　（2）　　　　　　（3）

第二种围法：

（1）　　　　　（2）　　　　　（3）　　　　　（4）

第三种围法：

第四种围法：

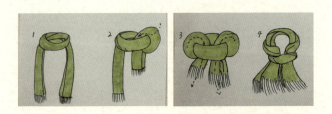

第四章

劳动小达人
课程构建

职业体验背景下幼儿园劳动教育微课程

　　一条城河串起城厢老街，一座古桥留下旧时风景。萧山区职工幼儿园创建于 1991 年，因由 30 多家单位联合筹建而得名。开园至今，幼儿园立身于"职"，一直与区域内不同职业的部门相互联系。2018 年伊始，幼儿园聚焦社会领域，依据幼儿已有的经验与兴趣，深挖劳动教育的内涵与外延，建构了职业体验背景下的幼儿园劳动教育微课程，引导幼儿在劳动体验中拥有"热爱劳动"之心、"勤劳质朴"之志、"奉献服务"之品、"坚守执着"之道、"勇于创新"之能，带领幼儿从劳动体验走向精神成长。

 课程理念

1. 体验中孕育

　　美国组织行为学教授库伯提出的体验学习教育理论注重为学习者提供真实或模拟的环境和活动，让学习者在人际活动中充分参与来获得经验和感受。[①]职业体验微课程鼓励幼儿通过模仿、观察、合作、

―――――――――
① 李文君. 体验式学习理论研究综述 [J]. 教育观察，2012（4）.

互助、分享等方式了解不同职业特性，习得劳动技能。

2. 情境中滋养

美国 J·莱夫和 E·温格两位学者提出：在具体的应用情景和社会实践中构建学习者的角色意识与知识体系，提高应用能力和解决实际问题的能力。[①] 职业小达人劳动体验注重在真实的社会情境中与人、事、物进行互动，体验"社会人"的不同职业角色。

3. 劳动中成长

著名教育学家陶行知认为：真正的劳动教育是体力劳动与脑力劳动相互结合，协调共生的。他在《育才二周岁前夜》中提到"人类与个人最初都由行动而获得真知"[②]，可见知识技能的获得是建立在行动之上的，只有不断劳动实践才能更好地成长。

 课程架构

幼儿园以培养"爱生活、爱劳动、爱创造"的社会小公民为核心目标，带领孩子们在各种真实的社会场景和角色情境中亲身参与、体验不同行业的劳动，了解职业内涵、探索劳动工具、感悟职业精神。幼儿园从课程目标、课程内容、课程实施、课程评价四个维度将职业体验劳动教育与幼儿的社会性发展相融合。

 课程内容

幼儿园基于家长资源、幼儿能力、生活实践三大要素开展实践，形成了园本化的职业劳动体验课程脉络。

---

① J·莱夫，E·温格.情景学习：合法的边缘性参与［M］.王文静，译.上海：华东师范大学出版社，2004.

② 周洪宇.陶行知教育名篇精选［M］.福州：福建教育出版社，2013.

七大类职业主题劳动：从服务行业、交通领域、工地与工厂、商业、学者和科学家、地下作业、艺术与表演领域七大类别开展职业体验活动。

类　别	劳动目标		
	小　班	中　班	大　班
职业主题劳动	了解周围生活中不同的职业，在真实情境中感知他人劳动的重要性。	了解常见的职业角色分工，乐意以职业身份参与生活劳动，真实为同伴、为集体、为家人服务。	真实参与劳动体验，使用劳动工具进行探索性劳动挑战，在实践中感受劳动价值。
职业场馆体验	感知各种职业角色，在游戏中了解角色分工，掌握简单的自我服务技能。	体验游戏中的职业分工，根据职业特点模仿劳动行为，使用各种角色道具，丰富劳动经验。	积极参与联动式社会游戏，明确职业分工，品味劳动过程，掌握劳动技能。
职业节日特色劳动	体验特定职业工作者的劳动特点，萌发幼儿尊重身边的劳动者，珍惜劳动成果的情感。	积极参与特色职业劳动，在思考和讨论中发现每个职业的重要性，在寻访和实践中收获真实的劳动体验。	亲身参与体验劳动，在实践中了解该职业的工作内容、劳动特点，培养幼儿勤劳勇敢、乐于奉献的劳动品质。

七大类职业场馆游戏：基于幼儿园现有的百艺工坊、巧手编织铺、CS 训练营、快乐交通站、田园创意街、涂鸦小天地、创客工坊生发职业角色，开展角色劳动游戏。

三大类职业节日体验：(1) 职业节日，包括 1 月 10 日"中国人民警察节"、5 月 12 日"国际护士节"、8 月 19 日"中国医师节"、9 月 10 日"教师节"、每年秋分"中国农民丰收节"、11 月 8 日"记者节"。(2) 百变职业日，依据每学期幼儿的需求和兴趣，进行主题式园本职业体验游戏活动，如职业体验运动会等。(3) 职业影子日，幼儿走进爸爸妈妈工作的地方，了解成人职业劳动的内容，感受成人的艰辛。

四 课程实施

　　职业小达人体验劳动以生活为起点，通过"三阶五步"实施路径挖掘职业内涵，体验劳动过程，内化职业精神；从关注身边各行各业的劳动者入手，通过调查、访问等方式获得不同职业的经验，尝试在劳动中发现问题，解决问题，于潜移默化中萌发幼儿积极的情感体验，形成主动的劳动态度；让幼儿在劳动中感受服务集体、服务他人带来的快乐，体会平凡劳动者的辛苦，感受每一个职业背后的责任。以下是幼儿园开展活动的实施路径图：

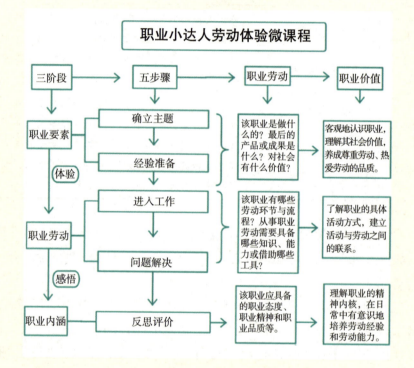

五 **课程方案：大班职业体验活动之我是小保安**

1. 设计意图

　　对于幼儿而言，身边经常接触的职业不外乎是教师和保安。幼儿对保安这一职业怀有较强的好奇心，而这一职业既符合幼儿生活经验的需要，又有值得探究的职业内容与工作方式，具有丰富的劳动内容和奉献服务的精神内涵。

2. 活动目标

（1）在体验中了解保安的工作内容、劳动工具、工作流程，梳理做个小保安应具备的职业能力。

（2）在服务中感受保安工作的辛苦，尝试在实践中解决问题，萌生尊重劳动者的情感。

3. 活动过程

（1）确立主题，了解职业特点。

①引入保安这一职业话题，引导幼儿说说对保安工作的认识。

②通过观察、对比等方法，帮助幼儿区分职业角色特点。

③以小记者采访的形式加深对保安工作的认识。

④跟岗观察保安工作，初步感知一天的工作内容。

（2）岗前准备，熟悉工作流程。

①探索工具：搜索劳动工具，进行统计分类和功能识别。

②岗前培训：了解工作内容，梳理关键能力和必备技能。

（3）多向体验，参与劳动实践。

①小保安到岗准备，讨论工作分工。

②进入工作状态，开启劳动之旅。

（4）探索发现，解决工作问题。

①职业素养历练：幼儿变身小保安，按照工作计划流程进行一天的劳动体验。

②劳动技巧提升：鼓励小保安们大胆地进行管理，想办法维护秩序，解决日常工作中的突发情况。

③工作结束后进行工具整理和交接记录。

（5）梳理提升，分享劳动心得。

①劳动结束后鼓励幼儿说一说劳动感受，分享成功、失败的劳动经验；画一画心情日记，图文并茂地记录下自己参与劳动的心情。

②帮助幼儿梳理体验感受，总结工作方法，感悟小保安职业精神。

 （六）　课程案例：太棒了，小保安！

课程缘起：

幼儿园的保安叔叔，在孩子们眼中像个"百变超人"。老师、阿姨干不了的工作，保安叔叔总是有办法解决。他是幼儿园的守护卫士，也是孩子们最亲近的朋友。从幼儿身边感兴趣的职业出发，我们开启了小保安劳动体验之旅。

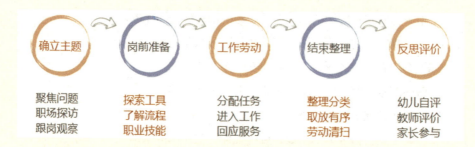

1. 聚焦问题——猜！是警察，还是保安？

一天，成成小朋友指着保安叔叔拉着我好奇地问："那个警察叔叔会抓坏人吗？"他比画着从跆拳道课上学来的踢腿劈手的动作说："我也会武功！"

"嗯？警察叔叔？"哈哈，原来他把保安叔叔错认为了警察叔叔。

小宇说："他不是警察叔叔，警察叔叔有枪，他没有枪。"

小欣说："他是保安，是保护小朋友的。我们小区里也有保安叔叔。"……

教师解读：孩子们喜欢保安叔叔，但对"保安"这个职业角色认识模糊，分不清保安和警察的工作内容和服务对象。

2. 职场探访——思！他们一样吗？

我们将问题抛给孩子，让孩子们带着

对保安这一职业的向往与疑惑，通过自主讨论和探索找到问题的答案，引发对于劳动者与劳动内容的兴趣。

第一分队：小记者体验式采访。

大班小朋友以小记者采访的形式走进保安室，走近保安叔叔，孩子们围绕探寻职业真实做采访："叔叔，您的职业是什么？""您在工作中具体做什么事情？""您在工作中是怎么为大家服务的？"

教师解读：通过与保安叔叔面对面进行采访交流，孩子们对保安叔叔的工作内容有了初步的印象，也弄清了他与警察叔叔不一样，主要负责幼儿园的日常保卫和防护。

第二分队：小观察员情境式跟岗。

在一天的跟岗观察中孩子们发现：保安叔叔一天都在幼儿园里工作，他对幼儿园的小朋友和老师很友好。工作中他经常要巡视幼儿园，检查活动器械，并进行记录。

教师解读：通过幼儿亲历观察体验，发现警察与保安的工作内容与劳动工具的异同。同时，通过与劳动工具的接触对劳动本身产生兴趣，通过主动探索积累劳动知识、培养劳动技能。

第三分队：小调查员对比式观察。

小欣：警察叔叔和保安叔叔都穿工作服，他们的制服就不一样。保安叔叔的衣服上有"保安"两个字，警察叔叔的衣服上还有编号呢！

悦悦：保安叔叔有一条很威风的皮带，上面能装好多工具的。

教师解读：充分调动幼儿的主体参与性，通过多种形式引导幼儿了解职业特点。通过前期经验准备，引发幼儿对劳动内容有期待感，以兴趣推动行动力，为后期的主动劳动做好铺垫。

3. 上岗培训——探！保安工作大揭秘

为了更好地了解保安的工作，我们邀请保安叔叔走进课堂，让职业劳动者近距离来到孩子们身边，介绍自己的工作，让每个孩子都有接触和了解保安工作的机会，完善职业体验式劳动的知识储备。

（1）认识劳动工具。

首先，保安叔叔展示了他的"工作法宝"——各种各样的安保工具，孩子们对这些工具充满了兴趣，在摸一摸、试一试中了解它们的特性和功能。

经过讨论，孩子们把这些工具分为两种类型：

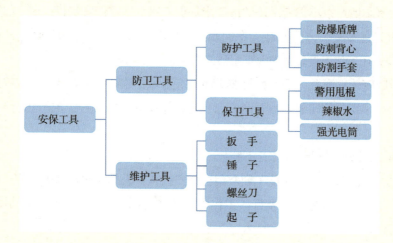

（2）学习劳动技能。

保安叔叔告诉小朋友，做个合格的小保安，需要有很多本领，其中有几个本领特别重要。

1 **仔细观察，用心记忆** 维护好幼儿的接送安全，记住每个小朋友和家长的外貌特点，记下小朋友的班级和名字。	2 **动作麻利，不怕辛苦** 每天开展一日三巡，检查幼儿园户外大型玩具的安全、园内一些隐蔽位置，处理突发的情况。
3 **使用工具，学做记录** 熟练使用各种工具，了解它们的功用，学会查看监控录像，学会表格记录。	4 **身体健康，身手灵活** 勤于锻炼身体，学习防身反击的本领，拥有强壮的体魄、灵活的反应才能保护大家的安全。

教师解读：不同职业有着不同的工作劳动内容，需要各种经验技能的准备。通过实地观察和现场演示让孩子们直观感知劳动角色，体会不同劳动者的工作

内容，进一步增强幼儿对的劳动者的尊敬与崇拜。

4. 真实服务——做！小保安初体验

小朋友们对保安这一职业充满了好奇，跃跃欲试。经过孩子们的协商讨论，最后决定采取自由分组的方法开启"小保安的一天"体验劳动之旅。

星期一上午，小保安们正在例行巡视全园，小三班的张老师边走边说："真奇怪，我们班走廊上的小金鱼不见了，一条都不剩？"

琪琪说："可能是小朋友放到其他的地方了吧？"说完，两个小保安一起到小三班帮着张老师到处找。可是找了好久，还是没有任何发现。

晨晨说："有了，我们去监控室看看你们班走廊上有没有什么特别的情况。"

于是，两位小保安报告了保安叔叔，一起去监控室当起了小侦探。他们在保安叔叔的帮助下，学习查阅监控视频，仔细查看了双休日两天的监控录像。小齐惊喜地叫道："看，来了一只野猫！"原来小金鱼是被野猫吃掉了。两位小保安通过自己的努力解开了"小金鱼失踪之谜"。

教师解读：让孩子们置身于真实的劳动情境之中，应对各种突如其来的工作，在解决问题的过程中收获劳动技能；在劳动的过程中获得对自我的肯定、认可与接纳，用属于自己的独特方式获得对于劳动的真实认知与实践，产生自我认同感。

5. 分享交流——说！我的体验有话说

结束了一天的工作，借助评价小工具，再现孩子们真实的劳动情境，分享体验感受，帮助幼儿梳理方法，总结经验。

（1）借助绘画日记本，分享孩子的收获。

小美说："我做了一天的小保安，虽然有点累，但我帮一位小班弟弟找到了水壶，我很开心。"

小齐说："做保安工作需要勇敢，需要坚持，需要我们多学本领。"

孩子们在一天的劳动体验中领悟到了做小保安必备的本领，如站岗要有精神，维持秩序口令要清晰，检查玩具安全要仔细，消防用品要查看有效日期。大家觉得做好小保安不容易，必须认真，遵守时间，不怕辛苦，还要有很多的本领。大家还把自己的工作经历用绘画记录下来，将经验分享给下一任小保安。

小保安劳动日记

（2）依据观察记录表，分享教师的感想。

教师仔细观察幼儿在劳动中的语言、行为并进行记录和分享，讲述孩子们有趣的劳动故事，感受孩子们的心理变化。在一日的工作中，鼓励孩子们从身边的小事做起，有始有终地完成一天的工作，在劳动中获得自信和满足。

幼儿姓名	1 幼儿兴趣	2 问题动机	3 参与程度	4 交流情况	5 ……

教师日志

看到了什么？
看懂了什么？
我需要做什么？

（3）依托家园联系册，分享家长的期待。

职业体验劳动的开展，让家长们真切地感受到孩子们在活动中的发展变化，自然地吸引了家长参与到活动之中，使家园间的关系更为融洽。

今天悦悦参加了小保安劳动体验，回家后一直跟我说："妈妈，以后我们进幼儿园刷卡排队一定要遵守秩序，保安叔叔工作很辛苦的。"这样的活动很有意义，希望幼儿园能多开展实践活动。

——摘自幼儿《家园联系册》

6. 活动回味——品！我的劳动有收获

小保安职业劳动体验让孩子们在劳动体验中经历了一次成长和蜕变：

（1）在工作中形成劳动态度，感受责任与担当。

本次活动，孩子们以"玩、学、研"的形式，了解职场、理解工作，在劳动中体会"小保安"工作承担的责任，潜移默化中形成一种积极的劳动态度。

（2）在劳动中熟悉工作流程，掌握方法和技巧。

孩子们通过亲身体验熟悉了保安上岗工作的基本流程，在一天的工作中学习使用劳动工具，并会用记录等形式展示自己的工作流程和方法。

（3）在体验中萌发劳动情感，收获快乐与自信。

在真实的服务中，孩子们感受到自己是一名有能力的劳动者，可以用自己小小的力量给大家带去帮助。孩子们收获了快乐与自信，感受到了：我长大啦！我很棒！

第二节

mini 场馆背景下幼儿园劳动教育微课程

坎山幼儿园地处杭州市萧山区瓜沥镇。瓜沥镇是一个入选"全国综合实力千强镇""浙江省 2020 年度美丽城镇建设样板"的现代化城镇，已成功打造中国花边之乡、中国化纤织造名镇、中国制镜之乡、中国装饰卫浴基地、中国门业之乡、中国浴柜之乡等六块国字号品牌，镇内工农业发达，职业种类丰富。幼儿园勘测周边有关职业的资源，利用园所现有的篮球部落、镭战 CS、戏水魔坊等室内外游戏区域，以及可开发利用的空间资源，规划、创设含有爱心医院、七彩农场等八大场馆的"mini 劳动小达人职业体验馆"，以真实的劳动情境与职业体验环境，支持幼儿获取直接劳动经验，引发幼儿进行深入的劳动体验活动。

 课程理念

1. 新劳动教育理论

基于陈鹤琴在《幼儿教育的新动向》中提出的"幼儿劳动教育的目的主要是从小培养他们爱劳动和爱劳动人民的感情，学习初步的劳动知识和技能，养成爱劳动的好习惯"①，我们依据幼儿对职业的兴趣点，构建八大体验场馆，通过各场馆中的职业体验，引导幼儿感受劳动者的辛勤付出，培养幼儿爱劳动的情感。

2. 生活教育理论

基于陶行知提出的"生活即教育，社会即学校"的生活教育理论②，我们将幼儿生活中常见的、感兴趣的职业、劳动场景搬到幼儿园里，创设大班职业体验馆，使幼儿在"生活化"的真实场景中体验社会劳动，在自主选择、混班游戏中逐步了解各类职业劳动的特点。

 课程框架

秉承以上理念，我园从课程目标、内容、路径、评价四方面架构课程内容：以"趣感知、乐体验、善实践、爱劳动"为目标引领，围绕体验馆创建、小达人招聘、体验馆活动等内容满足和支持幼儿的劳动学习与发展；以"期开启式—月更换式—周递进式"的模式，通过感知、体验、实践、分享四个实施阶段，引发幼儿对所选职业角色进一步认识、了解、模仿，体验劳动乐趣；运用体验册留痕、多媒体实录、游戏币激励，发挥多元评价的教育功能和价值，促发幼儿深入了解多种职业的劳动方式，提升幼儿的劳动能力。

 实施路径及内容

依托八大体验馆，我们完成了"大班职业体验微课程实施路径架构"，通过"感知"——萌发劳动意识、"体验"——了解劳动方法、"实践"——掌握劳动本领、"分享"——养成劳动习惯，有效推进幼儿的劳动体验活动，促使幼儿进入自主愉悦的劳动状态，提升劳动的品质。

① 吴玲.陈鹤琴幼儿劳动教育思想探要 [J].安徽师范大学学报（人文社会科学版），1998：(1).
② 陶行知.陶行知全集（第2卷）[M].成都：四川教育出版社，2005.

1. 大班职业体验微课程实施路径图

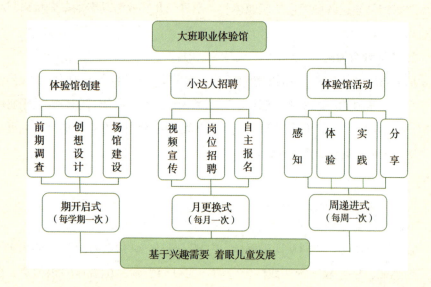

2. 大班职业体验微课程具体内容

课程总目标	态度：通过场馆游戏，萌发劳动兴趣和意愿，感受劳动为生活带来的幸福与快乐。 技能：结合职业体验，感知、理解、掌握基本的劳动方法与技能。 习惯：愿意通过规则性的劳动活动感受规则、建立规则、遵守规则。			
场 馆	感 知	体 验	实 践	分 享
爱心医院	探秘牙医	忙碌的牙医	我来当牙医	牙医圆桌会
七彩农场	农场里都有谁	小农民	勤劳的农民	劳动最光荣
最好看照相馆	照相馆工作大揭秘	摄影师初试	我是小小摄影师	来一张
好多钱银行	走近农商银行	柜台工作指南	办理存、取款业务	第一本存折
YI 行旅社	YI 行旅社开张啦	导游工作大盘点	导游工作我能行	小小导游本领大
嘟嘟超市	超市，我来了	超市里的工作人员	开超市，我们是认真的	小超市，欢乐购
最好吃美食城	美食城里的那些人	入职美食城	我是小小服务员	服务之星
开心剧场	我眼中的剧场	演员试镜	我来显身手	开心一刻

课程方案：爱心医院职业体验活动

1. 活动背景

在爱心医院职业体验馆的游戏中，孩子们对牙医这一职业产生了浓烈的兴趣："牙医拔牙是用老虎钳的吗？""牙齿掉了，牙医会造新的牙齿吗？""牙科医院里有好多工具，它们有什么作用呢？"基于此，我们根据孩子们的兴趣点，与他们共同调整了爱心医院的场馆布置，加入了以牙科医院为主题的劳动体验活动。在"周递进式"的体验中，帮助幼儿学习、掌握牙科各工作人员的职责和基本劳动方法，亲身感受牙医的辛劳，在劳动游戏中逐步养成遵守规则的习惯，萌发爱劳动的美好品质。

爱心医院职业体验活动网络图：

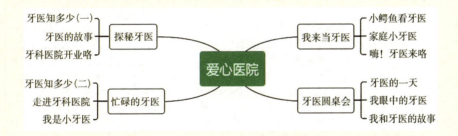

2. 活动目标

（1）积极、主动参与活动，通过观察、实践与讨论，对劳动游戏中的角色有进一步的认知，不断明确劳动角色的职责。

（2）了解并掌握医院工作人员的工作职责，共同解决劳动游戏中出现的问题，不断发展劳动游戏情景，能正确使用各类医疗操作材料，根据需求及时增添新材料。

（3）遵守劳动游戏规则，各工作人员能迅速有序地对物品进行分类、整理，体验劳动带来的乐趣。

3. 活动时间及内容

基于幼儿的兴趣点，我们以"周递进式"为主，在改建爱心医院的环境后，通过"感知"→"体验"→"实践"→"分享"四步骤，有效推进劳动体验活动的开展，引发幼儿体验牙科医院工作人员的辛勤劳动，最终培养幼儿爱劳动、会劳动的优秀品质。具体活动安排如下：

阶 段	主 题	内 容	时 间	材料准备	形 式
感 知	探秘牙医	牙医知多少（一）	4.01—4.07	视频、图片等	集体活动
		牙医的故事		牙医职业调查表	亲子活动
		牙科医院开业啦		挂号本、手电筒、放大镜、镊子等	场馆活动
体 验	忙碌的牙医	牙医知多少（二）	4.08—4.14	牙医工作视频、绘本、图片等	集体活动
		走进牙科医院		牙医职业调查表	亲子研学
		我是小牙医		挂号本、手电筒、镊子、放大镜等	场馆活动
实 践	我来当牙医	小鳄鱼看牙医	4.15—4.21	绘 本	集体活动
		家庭小牙医		牙医记录本	亲子活动
		嗨！牙医来啦		挂号本、手电筒、镊子、放大镜等	场馆活动
分 享	牙医圆桌会	牙医的一天	4.22—4.26	游戏币、挂号本、手电筒、镊子等	场馆活动
		我眼中的牙医		职业记录表	集体活动
		我和牙医的故事		铅画纸、彩色笔	集体活动

五 课程案例："YI 行旅社" 小导游

课程缘起：

贝贝是导游，带领着小朋友去了"桂花林""游乐场"等地游玩参观，过程中小朋友提出了异议：

"导游没有告诉我们去哪里玩，只管自己在前面走，走得太快了，我们跟不上。"

"导游没有介绍景点里有哪些好玩的、好看的，就跟着我们一起在玩。"

"豆豆摔跤了，导游没有提醒他注意安全，也没有去照顾他。"

……

哎～～～导游说起来容易做起来难啊！那导游到底应该怎么做呢？

1. 趣感知——"导游工作"大盘点

（1）导游妈妈进课堂。

我们把导游妈妈请进了课堂。导游妈妈带来了很多工作时需要用到的工具，面对面地向孩子们进行了介绍。

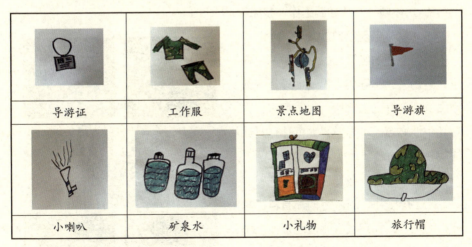

导游证	工作服	景点地图	导游旗
小喇叭	矿泉水	小礼物	旅行帽

（2）跟着视频云学习。

导游工作环节多、流程复杂，为了使孩子们更直观地了解导游的工作，我们运用了跟着视频云学习。通过视频学习，孩子们对导游的工作流程有了更全

面的了解。

小豆：出发前要先想好去哪里，怎么走。

月月：要提前了解景点，想好怎么向游客介绍旅游景点。

涵涵：出发前要清点人数，不然会不知道谁走丢了。

喵喵：需要准备好导游旗、帽子、矿泉水……

天天：导游要带路，提醒游客注意安全，安全第一。

轩轩：要给游客们买门票，介绍旅游景点有什么好玩的、好吃的。

教师解读：通过导游妈妈进课堂、跟着视频云学习，孩子们知道了导游工作时需要的工具、工作的流程和方法，进一步系统、全面地感知、了解了导游这个职业的工作特征，萌发了体验导游这一工作的兴趣。

2. 乐体验——"导游工作"我能行

（1）计划游玩线路图。

有了上述的经验后，小导游的工作正式开始了。小导游外出前要设计好线路图，计划好先去哪里，再去哪里，去哪几个地方等。小导游是如何计划路线的呢？

①记录单——各抒己见。

"YI 行旅社"的游客们都有自己想要去的地方，那到底去哪些地方呢？小导游说："请游客们把想去游玩的地方记录下来，然后从中选择最想去的几个地方。"

②投个票——确定景点。

游客们想去的地方五花八门，那就来投票吧。根据投票票数，游客们最想去的几个地方是保安室、七彩农村、风雨走廊。

③先探路——绘制路线。

怎样的线路去这些景点最方便呢？

玥玥："可以去采访一下老师，问问怎么走最方便。"

美好："我们可以先看一下幼儿园场地图。"

朵朵："导游先去走走，看看怎么走最方便，然后再来绘制路线图。"

通过导游探路，孩子们发现：第一站去保安室，离我们教室最近，然后去七彩农村，最后沿着风雨走廊回来，这样最方便。

（2）开展讲述大比拼。

导游词里有大文章。孩子们需要了解景点特点—构思讲述内容—绘制讲述图稿—进行独立讲述，一场别开生面的导游词讲述大比拼开始啦。

①了解景点特点。比拼前，孩子们通过采访老师、实地参观、查阅资料等方式，了解所要讲述的景点特点。

②构思讲述内容。先要有简单的自我介绍，然后根据景点的主要特点，运用名词、方位词等，组织客观、简洁、规范的介绍语，最后要交代一些需要注意的事项等。

③绘制讲述图稿。当讲述内容较多、较复杂时，为了便于记忆，孩子们可以运用图画、符号、文字等进行记录，绘制讲述图稿。

④开展讲述比拼。"大家好！我是来自'YI 行旅社'的小导游依轩，今天我们要去的地方是七彩农场。七彩农场分为两个区域，左边是种植区，右边是游玩区，里面有……"轩轩在集体面前进行了清晰、大胆的讲述，讲述的过程中还能结合身体动作、表情等无声语言，讲述内容既丰富又清晰，深深地吸引游客来倾听，获得了讲述大比拼的第一名，于是由她来担任小导游。

（3）导游工作进行时。

设计好线路图、试讲了导游词、选出了小导游，做好前期准备后，小导游的工作正式开始了。

①准备工作物品。小导游轩轩一手举着导游旗、一手拿着小喇叭，胸前挂着导游证，身后背着装有地图、小礼物等的小背包。

②介绍行程安排。先清点游客人数，然后拿着路线图介绍了旅行的路程安排和需要注意的事情，随后带领着游客们出发了。

③讲述景点特点。每到一处景点，轩轩先组织游客们排好队，然后向游客们介绍这个景点有什么好玩的、好看的，要注意些什么，多少时间后集合。

④组织游玩活动。先到"售票员"处买票，把票分发给大家，再组织游客们有序地进入景点。

⑤做好服务工作。在游客们游玩的过程中，小导游也没有松懈，提醒游客注意安全，帮游客们拍照、管理物品。游玩时间快到了，提醒游客们做好去下一处景点的准备，不要忘记自己带的东西。游玩后，再次清点了人数，然后带着游客们去下一个景点。

教师解读：在多形式、递进性的劳动体验活动中，孩子们学习到了计划线路图、讲述导游词、学做小导游等很多劳动方法，知道了做好导游需要仔细观察、耐心倾听、声音响亮、口齿清楚、不怕辛苦、多才多艺等很多本领，在直接感知、亲身体验中提升了自己的劳动能力。

3. 爱分享——"小小导游"本领大

（1）借助体验册交流。

《职业体验册》以实践和游戏相结合、园所和家庭相结合的方式，对幼儿发展水平、趋势进行持续、有效的指导、观察和追踪。孩子们通过体验、记录、交流，深入了解多种职业的劳动方式，提升自身的劳动能力。

（2）依托记录单分享。

活动前，孩子们根据自己的意愿在《职业体验记录单》中记录了参与导游这一工作的意愿以及需掌握的初步技能。活动中，孩子们记录了在职业体验场馆中的劳动体验。活动后，孩子们拿着记录单进行了分享，并通过自我评价和同伴互评的方式对劳动的方法、过程、态度等进行了评价。

（3）运用游戏币激励。

根据孩子们的交流、分享、自评、他评、家园反馈等，教师运用游戏币进行了劳动报酬的下发，激励幼儿产生积极的劳动体验，拥有热爱劳动的积极情感，提升幼儿内在的劳动品质。

教师解读：运用体验册、记录单、游戏币，使孩子们在分享、交流中进行感知与表达，提升了孩子们对导游这一职业的认识和了解。在积极、主动参与劳动中，孩子们体验了劳动的乐趣，提升了劳动的品质，最终实现了孩子们"爱劳动"和"会劳动"。

反思收获：以幼儿园"职业体验馆"为基地的职业服务劳动，带给孩子们深刻的体会和成长蜕变。孩子们在游戏化的导游服务中，不仅感受职业的新奇、有趣，还感受到了劳动的辛苦。孩子们在劳动体验中积累劳动的经验，形成劳动的责任，培养劳动的技能，分享劳动的快乐，提升劳动的情感。今后我们要创造更多这样的机会，让孩子们去感知、去体验、去劳动，培养孩子们爱生活、爱学习、爱劳动、爱担当、爱创造的劳动品质。

绘本支架下幼儿园劳动教育微课程

　　随着越来越多的绘本走进幼儿园，越来越丰富的绘本故事成为孩子们的最爱。萧山区宁围中心幼儿园以绘本为媒介组织劳动教育，在对幼儿进行劳动教育过程中促使孩子与作品内容产生交互作用，并衍生为劳动实践体验或探索，让劳动认知、劳动态度、劳动意识等通过鲜活、具体的故事情节和情景根植于幼儿心田。

 课程理念

　　绘本具有情节生动、幼儿喜闻乐见，内容丰富、有助于良好劳动品质塑造，道理浅显、幼儿易于接受等特征。幼儿在故事体验中懂劳动道理、明劳动意义，在与故事角色交融中培养良好劳动态度和行为倾向。我们的绘本支架下的劳动小达人课程基于教育家杜威"儿童中心、活动中心、经验中心"的"新三中心论"，这一理论启示我们的课程应当紧密链接儿童的生活经验，只有连续的、促进儿童生长的经验才能进入课程。

　　因此，我们从儿童立场出发，发现、尊重幼儿的需要，通过幼儿喜欢的绘本来链接、丰富幼儿的劳动经验，具体表现为在课程中融合劳动教育内容，渗透劳动习惯的培养、劳动价值观的塑造。

 课程框架

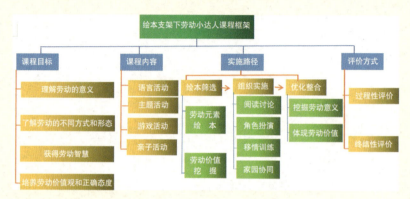

1. 寻：绘本阅读中的劳动教育

利用绘本故事进行劳动教育，首先要根据绘本故事情节，探寻劳动教育主题。比如《爷爷一定有办法》讲述了随着小主人翁约瑟逐渐长大衣服变小，而有办法的爷爷总会把约瑟的旧衣物变废为宝的故事。这个故事恰好可以启发我们：带着孩子劳动要用巧心思，有时靠创意去完成的东西，更能体现劳动的价值感和成就感。这个故事可以向孩子传授劳动的智慧，劳动不仅仅是吃苦，有时候巧思让劳动事半功倍。基于此，在广泛涉猎绘本故事中探寻出"理解劳动的意义""了解劳动的不同方式和形态""获得劳动智慧""培养劳动价值观和正确态度"等各种劳动教育元素的绘本故事。

其次，可以根据幼儿年龄特点和身心发展规律，选择适宜幼儿进行劳动技能培养的绘本故事。比如，3—4岁幼儿，自我服务性劳动技能的培养是关键，所以可以选择绘本《我会自己穿衣服》《我的神奇马桶》等；4—5岁幼儿，交往意识萌芽，在自我服务性劳动技能培养基础上可以更多探寻为集体服务的劳动元素，可以选择绘本《爱刷牙的栗子》（刷牙习惯培养）、《餐具总动员》（为身体、他人服务）等；5—6岁幼儿，掌握了一定的自我服务性劳动技能，为集体、他人服务和探索性的劳动主题更有利于幼儿劳动价值观的形成，于是，从《今天我值日》《整理房间，我可以！》《我的植物好朋友》等绘本中探寻劳动元素，更符合大班幼儿的兴趣和能力。

2. 拓：绘本阅读中劳动教育的实施途径

（1）绘本阅读讨论：绘本阅读中，适当组织幼儿围绕绘本中劳动的价值，在理解绘本故事的基础上进行讨论、总结，加深对绘本故事蕴含的劳动意义的理解。如绘本《田鼠阿佛》，讲述了小田鼠阿佛通过写诗、朗诵诗给大家带来快乐。在孩子们阅读绘本时，教师可以适当提问：别的小田鼠在忙碌采集麦子、稻草时候，阿佛在干什么？当大家劳累的时候阿佛写的诗给大家带来了什么？在讨论中，孩子们了解了劳动有不同的方式和形态，劳动不仅仅是体力活儿，也包括脑力劳动。

（2）绘本角色扮演：幼儿模仿绘本中角色的正面行为，能更好地让幼儿理解和习得劳动相关的知识和技能，修正负面行为。比如：绘本《我会自己穿衣服》中宝宝把裤子穿反了、扣子扣错了，这是每个幼儿都曾有过的经历，能引发幼儿较为强烈的共鸣。幼儿进行角色扮演，尝试进行穿衣裤的练习和游戏，在宽松氛围中理解绘本内容，同时习得穿衣裤的劳动技能。

（3）绘本移情训练：移情训练是指通过绘本故事的表演、情境再现，去理解和分享别人的情绪体验，使幼儿产生与绘本中人物一致的情感体验，使其在日后生活中对他人类似的情绪体验能够主动去理解并作出良性反应。

（4）家园协同：某一劳动教育主题开始后，教师可与家长及时沟通，通过亲子共读，或者在家继续对幼儿开展适当的随机教育，巩固幼儿的劳动行为。也可以请家长将幼儿的在家表现反馈给教师，以便教师对幼儿的劳动行为有更准确的把握。家园协同中，还可积极创设一些劳动行为表现记录评价活动，以此促进幼儿劳动行为习惯的养成。

3. 搭：绘本阅读中劳动教育的支持系统

绘本背景下的劳动教育活动组织可以是多种形式的：（1）整合化，即将带有劳动元素的绘本整合到课程中。（2）主题化，即依据绘本中的劳动核心内容开展专项主题活动，体现劳动教育的深度和广度。（3）单一化，即依据绘本故事，就某一劳动核心内容单独设计一个集体教学活动。（4）延展化，即将绘本中的某一内容元素迁移或延伸到劳动教育活动中。

 ### 三 课程内容

　　绘本支架下的劳动小达人微课程要根植于幼儿园的一日生活，所以，我们主要围绕"自我服务性质的自理劳动""为集体和付出的服务劳动""带有不唯一性的探索劳动"三个板块的内容寻找合适的活动，以此挖掘出劳动态度、劳动价值与劳动技巧。以绘本为载体，最终培养幼儿爱劳动、会劳动，从而提升生活品质。

内容类别	小班		中班		大班	
	绘本	劳动项目	绘本	劳动项目	绘本	劳动项目
自理劳动	《根本就不脏嘛》《来喝水吧》《牙婆婆》《我的神奇马桶》《我会自己穿衣服》	洗手喝水漱口如厕穿衣	《噗隆噗隆洗脸啦》《爱刷牙的栗子》《饭先生和菜小姐》	洗脸刷牙盛饭	《藏起来的礼物》《魔法泡泡变变变》《好脏的哈利》	系鞋带洗澡梳头
服务劳动	《把东西放回原处》《莫莫和米诺做整理》	整理玩具整理桌面	《餐具总动员》《扫除大作战》	收分餐具擦摆桌椅	《今天我值日》《我准备好上小学一年级了》《整理房间，我可以！》	值日整理物品整理房间
探索劳动	《彼得兔的故事》	剥除果皮	《忙忙碌碌的一天》《忙忙碌碌镇》	剥蛋职业体验	《我的植物好朋友》《帮帮它》《悠悠做家务》《第一次上街买东西》《农场里有什么？》《巴布工程师》	饲养种植家务劳动 农场工程
备注			可适当增加一些自制原创绘本，满足劳动教育的需要。			

课程方案：第一次上街买东西

1. 活动目标

（1）理解故事，感受美依第一次独自买东西时由害怕到成功内心情感的变化。

（2）能根据故事情节的发展进行想象，并结合生活经验大胆表述购物过程。

（3）知道遇到困难不能害怕，勇敢面对就能成功，体验独自劳动并得到收获的快乐。

重点：理解故事，感受美依第一次独自买东西时由害怕到成功内心情感的变化。难点：根据故事情节的发展进行想象，并结合生活经验大胆表述。

2. 活动准备

（1）经验准备：幼儿有过与大人一起购物的经验。

（2）物质准备：故事《第一次上街买东西》PPT；幼儿每人一本绘本，并备齐纸、笔。

3. 活动过程

（1）美依的独自购物任务。

①你们有没有独自一个人去买过东西？你一般是和谁去买东西？怎么买的？

②有个小女孩叫美依，她接到妈妈布置的劳动任务——第一次上街买牛奶，她的第一次购物顺利吗？我们一起来看一看、听一听书上怎么说的。

（2）美依的独自购物经历。

①自主阅读，感受美依独自劳动的过程。

a. 妈妈交给美依一个什么样的劳动任务？美依愿意吗？你怎么看出来的？

b. 美依在独自购物的路上碰到什么事呢？

c. 她最后买到牛奶了吗？你从哪里看出来的？

②集体阅读，感受美依内心情感的变化。

a. 在美依买东西途中，她都碰到了哪些困难？当时美依怎么想的？又是怎么做的呢？

b. 美依来到小店，小店还没人，她心情怎样？这时，店里来了谁？他们是怎么买东西的？

c. 后来，美依是怎样和店老板说的？这时她的心情是怎样的？

d. 美依最终买到牛奶了吗？她的心情怎么样？你从哪里看出来的？

在整个购物过程中，美依的心情变化：接受任务时的担心——遇到困难时的难过、沮丧——不敢开口时的胆怯——最后终于开口并买到牛奶时的开心和获得妈妈表扬时的幸福。

③完整讲述，体验美依独自劳动的感受。

通过这个故事，你觉得独自购物是一种什么样的体验？

小结：独自劳动时会总会遇到一些大大小小的困难，但只要我们不怕困难，努力去做，一定能克服困难完成任务的，这时成就感满满的。

（3）我们的第一次购物。

①美依真是个勇敢、大胆的孩子。今天老师也交给你们一个独自购物的任务，你们觉得应该怎样做？

②幼儿讨论并画一画"我的购物想法"。

③分享我们的购物想法。

④准备我们的独立购物。

 五　　课程案例：哇！有趣的购物"旅程"

课程缘起：

在绘本《第一次上街买东西》中，五岁的美依突然接到具有挑战性的家务劳动任务——要独自到商店去买牛奶。对于和美依同龄的大班孩子来说，他们也喜欢帮爸爸妈妈承担家务劳动，但是对于自己一人去购物缺乏方法和技巧。在对绘本的深度学习和挖掘中形成对购物技能和方法的梳理，借绘本的力量鼓励幼儿更大胆、更自信地去尝试自己没独自体验过的劳动。

1. 读，美依的"购物故事"

我和孩子们一起读了绘本《第一次上街买东西》，孩子们听得津津有味，看得非常认真，为美依能够挑战自己，独立完成第一次购物而佩服不已。

梓涵：美依好厉害，我从来没有一个人出门过耶！

笑笑：她摔跤了都没哭，还能把弄丢的钱努力找回来，真勇敢！

浩浩：我知道怎样买东西，我和我妈妈去过超市买东西。

子晴：我也想和美依那样自己去买东西……

看来独自购物对于孩子们来说既神秘，又渴望。到底自己购物是怎么样的一种体验呢？孩子们充满了体验与探究的欲望，于是，孩子们的购物计划开始了……

2. 瞧，我们的"购物想法"

接到任务后，孩子们围坐在一起纷纷讨论了起来，产生了许多的想法和问题……

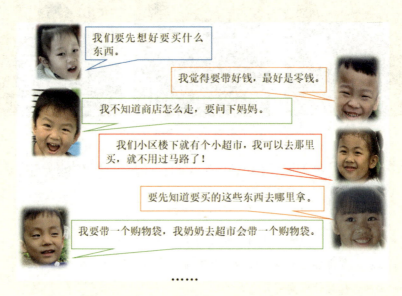

我们要先想好要买什么东西。

我觉得要带好钱，最好是零钱。

我不知道商店怎么走，要问下妈妈。

我们小区楼下就有个小超市，我可以去那里买，就不用过马路了！

要先知道要买的这些东西去哪里拿。

我要带一个购物袋，我奶奶去超市会带一个购物袋。

……

我们和孩子们一起把他们的想法进行了梳理，根据他们已有的经验和创想进行了归纳和提升。在购物前，鼓励孩子们"列列购物清单""记记注意事项""画画购物地图"，为顺利购物做好准备。

　　（1）列购物清单。

　　说干就干，孩子们回到家里，询问爸爸妈妈要买哪些东西，并以图文结合的形式列出了购物清单，并和小伙伴们进行分享。

列出购物清单

分享自己的购物清单

　　在分享之后，我们请孩子说说：你认为谁的购物清单设计得最好？孩子们七嘴八舌地表达了自己的想法。

　　涛涛：我觉得依依的好，因为她还写上了东西的名字。

　　小欣：我觉得淳一的好，因为他把要买的东西进行了分类。

　　熊老师：你为什么觉得分类好？

　　小欣：因为妈妈说超市里的东西都是分类放在一起的，找起来方便。

　　……

在讨论后，孩子们将自己清单上的物品进行了分类，重新修改了原有清单，为更快更方便地购物做好准备。

（2）记准备事项。

美依出门前准备了硬币，那我们出门前需要准备些什么呢？问题一引出，孩子们开始讨论起来。

浩浩：我们也得准备些钱。

小美：我要带上电话手表，可以给爸爸妈妈打电话。

依依：我要带把伞，怕万一像今天一样下雨。

宇翔：我奶奶每次买东西都要带一个袋子，我也要带着。

……

（3）画购物路线图。

知道要买哪些东西了，那怎样才能顺利找到到达附近的超市呢？通过讨论，孩子们决定先跟着爸爸妈妈走一遍，并以自己最容易理解的方式画一画购物路线图。

【劳动解析】购物，是家庭劳动中的一项内容，但孩子们以往都是跟着大人一起去超市，获得的经验很有限。而自己独立购物时，需要掌握一些方法和技巧，诸如：要事先考虑好需要购买的物品，以保证购物的有目的性；准备好需要的钱物，以保证能顺利购物；要观察去附近超市的路线图，以保证能安全地到达和返回等。这就需要我们有目的地去引导孩子们做有效的计划和安排，并通过同伴之间的相互交流和学习，优化自己的清单计划，以保证这项劳动任务顺利完成。

3. 走，我们"自己购物"喽

一切准备就绪，孩子们开始了他们的购物体验，出于安全考虑，家长还是跟在孩子的身后，但只是真实记录孩子购买、收纳的实践过程，不提供任何帮助。

挑选、购买

分类、收纳

【劳动解析】整个过程中，孩子们虽然还是在家长的暗中保护下进行购物，但他们实际承担了生活中的真实劳动任务，从中积累了劳动经验。尤其是购物返回后的整理和收纳，帮助幼儿养成做事情有始有终的好习惯。

4. 聊，我们的"购物体验"

购物完成后，我组织孩子们进行了一次"购物体验"交流活动，通过问题导入，让孩子们谈谈自己成功购物的方法，购物过程中遇到的问题及自己的心情。

（1）你是怎样买东西的？

浩浩：我去的大润发，要先上三楼去走一圈，才能乘电梯到二楼。我买了一盒饼干，还买了一瓶牛奶，在二楼那里付钱。

小迪：我去的菜市场，买了西红柿、胡萝卜和青菜。

QQ：我没带钱，我是用电话手表付的钱，我妈妈给我的电话手表里充了50元钱。

小思：我是排队付钱的，还跟收银台的阿姨说了"谢谢"。

……

（2）你遇到了哪些困难？

乐乐：牛奶放在很高的地方，我拿不到，是一位阿姨帮我拿下来的，我说了"谢谢"！

点点：我不认识字，不知道哪一瓶是酱油，后来妈妈说我买回来的是一瓶醋。我忘记问那里的叔叔阿姨了！

思琪：要过马路，我有点害怕，还是请爸爸牵着我过去的。

磊磊：我本来想多买一样玩具，可是阿姨说我的钱不够了，我只好放弃了那个玩具。

……

（3）你的心情是怎样的?

提出问题进行交流，鼓励幼儿说一说自己在购物的过程中是什么样的心情，从而了解幼儿对于自己第一次购物的想法。

诗涵：我觉得好好玩，我想下次还自己去买东西!	
乐乐：走在路上时，我很紧张，很怕遇到坏人，想到爸爸在我后面，我就不怕了!	
小宝：找不到东西时，我很着急，后来找到了，我就开心了!	
……	

【劳动解析】通过劳动实践后的交流，孩子们可以相互学习同伴的购物方法，表达第一次独立购物的心情，感受到劳动一定有辛苦的付出。那些看似简单的劳动技能及对感受的表达，实际上是幼儿语言表达、人际交往、社会适应和数学认知等已有经验的综合运用，有利于孩子们劳动能力的进一步提升和劳动经验的进一步积累。

一个完整的劳动过程的结束常常以产生一定的劳动成果为标志，既涉及精神成果，也包含物质成果。让幼儿享受劳动成果，体验成功的喜悦，是对幼儿劳动过程中所付出努力的积极肯定和及时认可。通过对绘本故事里购物情节的挖掘、利用和拓展，将绘本作为媒介与劳动产生交互作用，衍生出购物前购买计划的制订、购物时商品的挑选比价、购物返回后的整理和收纳等劳动实践体验，让幼儿在真实的生活情境中愉快地劳动，唤醒幼儿积极的劳动情感，培养良好的劳动态度，促进幼儿劳动能力的提升及习惯的养成。

第四节

节日主题背景下幼儿园劳动教育微课程

节日犹如生活的调味剂，赋予生活更丰富的色彩和情感。市心幼儿园一直特别重视每年的每个节日，注重以节日来提升幼儿的劳动意识。我们以唤醒儿童对生活的热爱为切入点，以体验节日中的劳动为关键点，将节日中获得的劳动经验衍生至一日生活中，创新劳动教育的方式，创造劳动教育契机，以劳动点亮幼儿的美好未来生活。

 课程理念

1. 真实中孕育

"生活即教育"，回归生活，处处有课堂。节日劳动教育微课程立足于真实生活，它基于真实情境，与生活水乳交融。我们注重课程在真实的生活中开展，与幼儿的个体经验相匹配。孩子们为迎接节日做各项劳动相关的准备，通过劳动使节日更具仪式感、教育感，并及时总结自己在节日中的收获与劳动经验。

2. 亲历中学习

教育家苏霍姆林斯基说过："儿童的智慧在他的手指尖上。"孩子是靠感官来学习的，基于自身的实践。节日劳动教育微课程带给孩子的是基于感受→体验→参与→表达的亲历学习。从筹备节日开始，孩子亲自参与，体验实践，建构属于自己的劳动经验，让劳动更具有实践意义。

 课程框架

　　我们以三大课程目标、三类课程内容、三阶课程实施、五维课程评价来搭建节日劳动教育微课程的框架，让孩子寻找到节日中的劳动价值，唤起孩子的劳动兴趣，促进他们创新劳动方式，感知劳动意义，提升劳动品质。

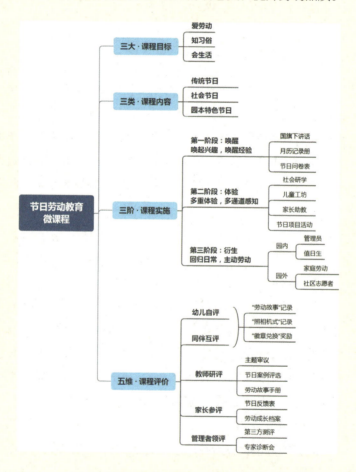

课程内容方案

　　我们将各类节日筛选、分析，甄别不同节日中劳动的核心价值，梳理出一系列适合幼儿参与的传统节日、社会节日（纪念日）和园本特色节日。同时，基于节日的习俗和特色为各个不同年龄段的幼儿进行了针对性的内容设置，以此获取不同的劳动体验和感受，阶段性地提升幼儿的劳动素养。

节日类别		设计思考	劳动指向	年　段	内容设置
传统节日	春节	聚焦"除旧迎新"的春节习俗，体验亲手设计、改装教室的过程。	除尘迎新 装饰教室 服务他人	小　班	除尘工具的使用
				中　班	整理技巧的学习
				大　班	装饰教室的体验
	清明节	清明节除了缅怀先人，更有吃青团、摘艾草等习俗，让孩子们感受清明别样的色彩。	采摘劳作 美食烹饪 木工制作	小　班	艾草的采摘
				中　班	清明团的制作
				大　班	风筝（骨架）的制作
	立夏	立夏标志着夏天的来临，体验节气的习俗，形成美好的情感。	采摘劳作 美食烹饪	小　班	蚕豆的采摘和剥离
				中　班	蚕豆糕的制作
				大　班	咸鸭蛋的腌制
	元宵节	挂灯笼、吃汤圆是元宵节的特有色彩，在节日的氛围中与孩子们共同体验亲手制作的乐趣。	美食烹饪 木工制作	小　班	汤圆的制作
				中　班	面粉变面团
				大　班	亲手制作灯笼
社会节日	植树节	在对不同种类的植物种植的过程中，知道种植的技巧和方法。	认识工具 种植植物 深化技巧	小　班	种植简单的小种子或水培植物
				中　班	对大型树苗进行种植
				大　班	移植、修剪
	世界地球日	帮助幼儿习得初步的分类知识和技能，萌发保护地球的意识。	学习技巧 萌生意识 服务他人	小　班	分类我能行
				中　班	小小值日生
				大　班	社区垃圾分类
	劳动节	善于利用身边的劳动工具进行卫生打扫和环境整理。	善用工具 废品收集 服务他人	小　班	善用工具进行打扫
				中　班	
				大　班	整理收集可回收的物品

节日类别		设计思考	劳动指向	年 段	内容设置
社会节日	母亲节 父亲节	为爸爸妈妈做一件力所能及的事情，萌发感恩的情感。	服务他人	中 班	整理我能行
				大 班	一碗鸡蛋羹
	国庆节 六 一	装饰教室，迎接属于国家、孩子们的节日。	合作劳动 服务他人	小 班	注重工具使用
				中 班	注重合作意识的培养
				大 班	
园本特色节日	微社会体验周	感受社会中各行各业的工作人员，体验职业的乐趣和不易。	职业体验 服务他人	小 班	注重体验（警察）
				中 班	注重合作（快递员）
				大 班	注重情感（消防员）
	咸小兵体验周	在军训、运动会的过程中体验军人的威信，培养服务意识。	职业体验 服务他人	中 班	注重角色的体验
				大 班	注重服务意识的培养
	开园第一天	与幼儿共同参与开学第一天教室内物品的搬运、整理和布置。	工具使用 整理搬运 服务他人	小 班	工具我会用
				中 班	合作搬运我能行
				大 班	我们的新教室
	独立日	培养大班幼儿自我服务的意识，掌握基本的生活自理能力，能够独立自主。	自我服务 独立自主	大 班	我独立了
	毕业日	临近毕业，通过搬运和整理教室内充满回忆的物品，萌发对幼儿园的不舍。	整理搬运 服务他人	大 班	我会整理和归纳 给弟弟妹妹的礼物 清扫教室

 课程方案："咸"趣一夏

1. 设计意图

立夏属于二十四节气中的一个。每逢立夏，人们都要吃煮鸡蛋或咸鸭蛋，认为立夏吃鸡蛋能强健身体。故在这一节气中，我们将和幼儿一同制作咸鸭蛋，品尝劳动的成果，体验劳动的快乐！

2. 活动目标

（1）在成人的指导下能够动手动脑，知道咸鸭蛋的制作原理，亲手制作咸鸭蛋。

（2）在制作咸鸭蛋的过程中体验劳动的快乐。

（3）进一步感受立夏的节气氛围，热爱中华民族传统习俗。

3. 活动准备

（1）知识经验准备。

①与父母一起收集立夏蛋、吃咸鸭蛋等传统风俗的相关内容。

②向长辈或有经验的人请教有关制作咸鸭蛋的方法和注意事项。

（2）材料准备。

①鸭蛋若干。

②盐、白酒、保鲜膜、红泥、密封罐等制作咸鸭蛋的相关材料。

4. 具体内容

（1）社会活动：食物腌制的秘密。

①活动目标：

a. 知道食物腌制的原理。

b. 提高食品安全意识和自我保护能力，明白腌制的食品不能多吃。

②活动内容：

a. 观看有关食品腌制的视频，感知食品腌制过程中的原理和特点。

b. 邀请家长助教进行腌制的示范。

（2）语言活动：盐的故事。

①活动目标：

a. 通过绘本故事知道盐有杀菌、防止食物变质的作用。

b. 明白盐在腌制食品过程中起到的重要作用。

②活动内容：

a. 师幼共同阅读绘本，借助绘本激发幼儿对盐的探索欲望和兴趣。

b. 做有关"盐"杀菌的小实验，直观体会盐的重要作用。

（3）科学活动：水的溶解。

①活动目标：

a. 在观察、实践、比较的过程中，了解物质的溶解现象。

b. 感知调味品在水中达到饱和状态的溶解现象。

②活动内容：

知道水有溶解的特性，动手操作体验不同的调味品在饱和状态下的溶解现象。

（4）综合活动：制作咸鸭蛋。

①活动目标：

a. 在成人的帮助下亲手制作咸鸭蛋。

b. 在制作的过程中萌发劳动的快乐，感受中国传统节日的独特魅力。

②活动内容：

a. 师幼梳理制作咸鸭蛋的三种方法：水淹法、滚盐法、裹泥法。

b. 分组制作咸鸭蛋，并制作倒计时牌子，等待咸鸭蛋的腌制。

五 **课程案例："立夏节气"劳动小达人微课程**

1. 倾听：咸鸭蛋之"初遇"

恰逢立夏时节的来临，在孩子们有了前期调查经验的情况下，我们与孩子讨论起有关立夏的故事。

汐汐：妈妈告诉我立夏是二十四节气里的，还要吃咸鸭蛋。

婉婉：什么是咸鸭蛋？我猜是加了盐的蛋。

乔治：难道是把蛋挖一个洞，然后倒盐进去吗？

在孩子们的谈论声中，我们发现了新的教育契机——咸鸭蛋的腌制。

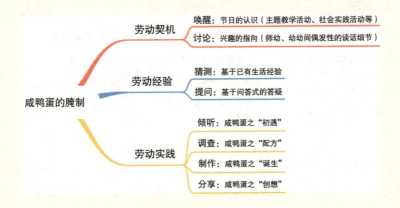

> 【劳动解析】在感知和认识中华传统节气的过程中，孩子们萌发了新的兴趣点——咸鸭蛋是怎么样制作成的？这是孩子们生活中常接触的食品，却又不熟悉。我们以此为契机，基于幼儿对节日的生发点开展了一次有关"制作咸鸭蛋"的劳动教育。

2. 寻找：咸鸭蛋之"配方"

"咦？那咸鸭蛋是怎么腌制的呢？"他们决定带着疑问向爸爸妈妈们求助，并记录下调查结果。对于孩子们的调查结果，我们在班级里进行了分享。

致远：我妈妈告诉我要把蛋浸在放满盐的水里面，等20天的时间就可以了。
汐汐：泥土裹着鸭蛋也可以。
佑佑：我爷爷说用酒浸泡蛋会更入味。

孩子们通过调查、讨论，最后总结了以下三种腌制方法：盐水浸泡法、白酒浸渍法、黄泥包裹法。根据孩子们的兴趣，他们进行了自由分组，选择了自己所感兴趣的方式进行材料搜集。

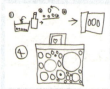

盐水浸泡法

1.在盛有水的容器中不断加入盐，搅拌，直到水呈饱和状态；
2.加入鸭蛋，确保水能够将水没过鸭蛋；
3.盖上盖子，密封放置。

白酒浸渍法

1.将鸭蛋泡在装有白酒的容器中2分钟；
2.拿出鸭蛋，滚上一层盐；
3.用保鲜膜包紧；
4.放入容器中，并盖上盖子密封放置。

黄泥包裹法

1.水、盐、黄泥按照8:12:13的比例调配好；
2.用调配好的黄泥裹在鸭蛋上；
3.用保鲜膜包裹鸭蛋；
4.放入容器中，盖上盖子，密封放置。

【**劳动解析**】在讨论后孩子们共总结了三种不同的腌制方法，看似复杂的腌制程序，他们通过绘画表征的方式呈现在我们面前。以"腌制秘方"的形式激发孩子们的劳动欲望，帮助他们明确了腌制步骤和注意事项，归纳整理了腌制材料和工具，充分发挥了学习的主动性。

3. 制作：咸鸭蛋之"诞生"

劳动来源于生活，借助孩子们零散的生活经验以及对腌制咸鸭蛋的期待，我们开启了制作之旅。腌制行动正式开始，根据配方，他们进行分组腌制。

（1）盐水浸泡组。

①腌制材料：鸭蛋、容器、搅拌棒、水、盐。

②腌制片段：

"那要放多少盐呢？"

致远：妈妈告诉我要一直加盐，等到水里的盐不能溶解了就够了。

汐汐：啊？不可能吧，盐放进去不是都会溶解吗？

既然存在着不同的意见，那就不如一起来试试看吧！

小组成员边加盐边记录，最终发现加入一包盐后水就不再溶解了。调制好了饱和食盐水，孩子们将蛋全部淹没在了盐水中。

> 【劳动解析】孩子们知道盐放在水中可以溶解，但是却不知道"饱和"是什么，在调配盐水的过程中，明确了"饱和食盐水"的形成原理，将抽象的概念转化为动手操作的劳动过程，形成生活经验。

（2）白酒浸渍组。

①腌制材料：水、盐、白酒、保鲜膜。

②腌制片段：孩子们根据步骤图将蛋放在白酒里浸泡，是为了杀菌和促进盐粒的吸收，然后再在盐里滚一滚，最后用保鲜膜包裹起来放入密封罐里。在熟能生巧后，孩子们还编了三句简短的儿歌：白酒泡一泡，盐里裹一裹，保鲜膜包一包。

| 白酒浸泡 | 裹满盐粒 | 保鲜膜包裹 |

> 【劳动解析】"泡一泡""滚一滚""包一包"，简简单单的三字词语却是孩子们对"白酒浸渍法"流程的概括，将原本理论化、死板的内容内化于心，通过自己的方式进行表达和记忆。

（3）黄泥包裹组。

①腌制材料：水、盐、黄泥、电子秤、容器、搅拌棒。

②腌制片段：根据"配方"显示，水、盐、黄泥是按照8：12：13的比例调配，如何更好地把握这些原材料的重量呢？于是这一组的孩子们来到幼儿园

的"食育工坊"，找来了平时我们烘焙用的电子秤。按照比例小心翼翼地称重完成，然后搅拌在一起，最后将蛋穿上一层厚厚的外套。

称一称	搅一搅	裹一裹

【劳动解析】咸鸭蛋是我们日常生活中所能接触到的食品，制作咸鸭蛋的方法也不难，孩子们在亲身体验、实际操作的过程中学习了咸鸭蛋腌制的方法，学会了如何使用电子秤、搅拌棒等劳动工具，在活动中感受劳动的趣味性，埋下了劳动的种子。

4. 分享：咸鸭蛋之"创想"

终于完成啦！孩子们在盒子上亲手贴上了腌制日期，等待腌制周期的结束。

安安：等20天过去了我要带回家给妈妈吃。

一凡：应该很好吃，我要带给我妈妈吃。

若若：我回家也要做给爸爸妈妈吃，太有趣了。

孩子们看着自己的劳动成果心满意足地进行了谈论，迫不及待地希望20天马上结束，收获自己的劳动成果！

此时，一串对话引起了我的注意。

乔治：我们腌的都是咸鸭蛋，能不能有甜鸭蛋？

鑫诚：我想吃茶叶蛋！

萧冉：还有辣辣蛋，哈哈我想来试一试！

为了追随孩子们的兴趣点，我们开启了第二轮有关腌制的劳动教育，分组讨论、搜索材料、灵活选取腌制方式……这一次，孩子们经验满满、兴致勃勃！

> 【劳动解析】在腌制咸鸭蛋的过程中，孩子们感受到了劳动带来的自豪感，萌发出了更多有关"鸭蛋腌制"的创想。基于"咸鸭蛋的腌制"，却不局限于"咸鸭蛋"，孩子们将"腌制"技巧内化、迁移——在顺应孩子天性、保留孩子本真的基础上不断衍生……新的劳动故事即将开启。

5. 感悟："咸"味的节日

劳动注重过程，更注重结果的表达和分享，腌制咸鸭蛋的过程使孩子们零散的劳动技能和经验在一次次的实践和肯定中得到了锻炼和整合，而劳动意识也在潜移默化中形成！在这个富有"咸"味的立夏时节，孩子们感受到了别样的节日氛围。充满着"咸"味，但无比的精彩，这是一个令人难忘的节日！我想，对于孩子们来说，不仅学到了一项新的劳动技能——腌制，而且以不一样的视角发现了"立夏"的精彩！

一次偶发性的谈话引发了孩子们对咸鸭蛋的关注。在活动中，幼儿通过制作方法的调查—讨论—实践，学习了咸鸭蛋腌制的多种方法；在与同伴的交流、讨论、合作、分享、互助中，感受到了劳动的魅力；最后，对于腌制生发了更多的想法！

此刻，劳动的小种子已经在孩子们的心中萌芽……

第五节

穿编工艺背景下幼儿园劳动教育微课程

　　杭州市萧山区进化镇地处南部山区，竹子、稻草、麦秆等是常见的乡土资源。编织这一古老而神奇的传统技艺在一代又一代进化人的传承与坚守中被赋予时代气息和地域特色。竹篮、竹椅、竹席、晒编、簸箕等编织器具和工艺品融入到人们的日常生活中，成为几代人记忆中的乡愁。依托优越的本土资源，进化镇第一幼儿园以"竹"为载体，以"编"为核心，结合特色竹艺坊和班级活动区，以编织工艺成就劳动小达人，将农村传统手工艺资源与幼儿园劳动教育相结合，开发了编织劳动微课程，让孩子们在劳动中感受传统文化的魅力，在劳动中体验创造生活的美好。

 课程理念

1. 基于幼儿劳动教育的价值需求

　　苏霍姆林斯基在《给教师的建议》中提到："劳动在智育中起着极其重要的作用，儿童的智慧在他的手指尖上。那些双手灵巧的儿童、热爱劳动的儿童，能够形成聪敏的、好钻研的智慧。"编织劳动是一项技巧性劳动，幼儿需要有一定的专注力和思考力，通过穿插、缠绕、打结等方法编织、创作出各种充满童趣的编织品，从而发展手眼协调能力，锻炼思维的敏锐性，促进幼儿的智慧发展。

2. 基于《3—6岁儿童学习与发展指南》艺术领域的发展要求

《3—6岁儿童学习与发展指南》指出："艺术是人类感受美、表现美和创造美的重要形式，也是表达自己对周围世界的认识和情绪态度的独特方式。"因此，在幼儿园中开展适合幼儿的编织劳动，是对《3—6岁儿童学习与发展指南》精神的积极响应，也是利用传统手工艺创造美、感悟美的重要途径。

3. 基于传统民族文化的传承意义

习近平总书记多次强调要传承和弘扬中华优秀传统文化。编织艺术是中国民间艺术的瑰宝，是一种极富特色的传统技艺，具有积极的传承意义。编织劳动中，幼儿通过学习、创编在传承与创新中不断得到艺术的熏陶，有利于形成对中华文化的认同感，萌生民族自豪感，在幼小的心灵中种下爱家、爱国的良好情怀。

 课程架构

根据幼儿年龄特点，借助农村特有的编织资源，挖掘适合中大班幼儿开展的编织活动内容。从编织目标制定、编织内容设计、编织形式畅想以及编织工具辅助四方面展开，通过模拟真实情境，创设编织环境，让幼儿在实践操作中学会使用编织材料，提升"穿、绕、挑、打结"等劳动技能；在设计、探索、创造的过程中产生主动劳动、热爱生活、探索劳动的美好情感，并在特色编织过程中逐步养成认真专注、坚持不懈、动手动脑、勇于创造的良好品质。

 课程内容

通过对幼儿前期经验的调查，结合中大班幼儿的兴趣需求，我们将编织劳动主要分为竹编、草编、绳编以及纸编四种类型，并通过集体教学、班级区域、特色工坊以及亲子活动等模式，与幼儿一日生活相融合，创设各类活动，让孩子们在自由劳动、创造的过程中，产生对编织工艺的喜爱。具体围绕生活创编、四季趣编以及节日彩编三种形式展开：

生活创编，分为幼儿日常创想和生成活动，主要以课程延伸、自发生成为主。

四季趣编，围绕春、夏、秋、冬四大季节的气候、温度等特点确定活动主题，各段开展相应的编织劳动。

节日彩编，分为园本特色与传统节日两大主题。园本特色：组织幼儿园竹艺文化节，围绕"竹特色"开展相应的编织活动，并结合亲子活动进行爱心义卖。传统节日：围绕具有独特意义的节日，确定不同的节日主题，每学期开展两次编织劳动。

年段 / 板块 / 路径		集体教学	班级区域	特色工坊	亲子活动
中班	生活创编	日常创想	戒指趣编	创意纸杯	纸盘收纳盒	垃圾分类箱
		生成活动	大象艾玛的格子衣	娃娃辫	棒棒糖	妈妈的手提包
	四季趣编	春之韵	许多小鱼游来了	扭扭虫	春游编织乐	小鸟的窝
		夏之盛	夏威夷草裙	芭蕉扇	竹的畅想	漂亮的项链
		秋之实	趣编草垫	十字创意编	创意麦秆	草鞋（帽）
		冬之赞	小动物过冬	五彩围巾	温暖的线	小海龟
	节日彩编	园本特色	特色竹编展			爱心义卖
		传统节日	中秋节：圆圆的月亮	母亲节：五彩手绳	清明节：相思柳条	国庆节：我们的祖国真大
大班	生活创编	日常创想	创意灯笼	巧编隔热垫	创意编织画	亲子相框
		生成活动	竹编餐垫	动物的新衣	小姑娘的花辫子	垃圾分类标识牌
	四季趣编	春之韵	春姑娘的花篮	布条编编编	趣味藤编	花样纸盘
		夏之盛	好玩的渔网	清凉竹箦	清凉一夏	遮阳帽
		秋之实	小蜗牛	麦秆变身	稻秆作用大	果实累累
		冬之赞	毛茸茸的线	温暖的帽子	毛毛的世界	编织地毯
	节日彩编	园本特色	特色竹编展			爱心义卖
		传统节日	迎新年：中国结	毕业季：特别的祝福	端午节：竹编蛋兜	国庆节：红色印记

四 课程实施

在"指尖编织，乐享生活"的课程主题下，基于"巧动手""爱创造""乐生活"三大核心目标，做好幼儿编织劳动实施路径的架构，通过寻编提升幼儿的生活经验，通过设坊给幼儿提供劳动机会，通过创编满足幼儿的创作欲望，通过展示使幼儿感受劳动带来的美好体验。同时，借助家园社区资源，利用三大平台渠道，激发幼儿劳动兴趣，打造幼儿劳动环境，加强幼儿劳动实践，从而在亲身探索中提升幼儿劳动品质。

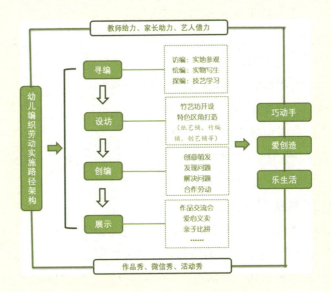

五 **课程方案：大班艺术活动竹编餐垫（集体教学）**

1. 设计意图

本次活动来源于一次竹园小憩活动后的谈话中，孩子们想为角色游戏区增添更多的游戏材料，其中有一样就是隔热垫。结合大班幼儿年龄特点和编织经验，通过欣赏观察、设计创作、交流展示等环节，让孩子在编织儿歌中巩固劳动技巧，在实践运用中感受劳动价值，逐步形成巧动手、爱创造的美好品质。

2. 活动目标

（1）感受基本的竹编方法，能用不同表现手法创作竹编餐垫。

（2）积极参加竹编活动，愿意和别人分享交流自己的作品。

（3）体验自主创作的乐趣，产生劳动能创造美好生活的积极体验。

重难点：用不同表现手法创作竹编餐垫。

3. 活动准备

（1）物质准备：课件（各类竹编餐垫），各类编织工具如多彩竹篾、固定器等。

（2）经验准备：幼儿有一定的竹编经验。

4. 活动内容

（1）感受各种竹编餐垫。

①出示课件，共同欣赏竹编餐垫。

②经验调动，引导孩子发现餐垫编织的方法。

教师提问：你觉得餐垫可以怎么编织？

教师小结：孩子们，竹编餐垫用到了交叉平编法、四角孔编法、米字底编法，而且颜色丰富，形状也各不相同。

（2）教授竹编餐垫的方法。

①出示编织半成品，引导孩子发现编织的基本操作步骤。

②利用儿歌帮助孩子掌握编织要点：四根竹篾交叉放，两头一定固定好。小竹篾，像小蛇，爱运动，会钻爬。第一跟钻下去，第二根爬过去，三根四根接着编，来来回回忙编织。

③鼓励幼儿大胆设计、编织。提供各种操作工具和材料，给予孩子足够的时间和空间，鼓励孩子大胆编织。

教师巡回指导，为孩子提供适时的帮助。

（3）餐垫交流会。

①布置餐垫展示台，展示作品，并大胆讲述自己的设计方法和设计过程。

②鼓励同伴之间互相看一看，讲一讲。

5. 区域延伸

将教学活动中的编织方法投放至班级区域内，让孩子在区域活动时能够利用编织技巧开展其他作品的编织。

 课程案例：隔热垫巧编织

课程缘起：

竹园小憩是幼儿园里孩子们最喜欢的户外角色游戏区。在一次游戏谈话中，孩子们发现区域里的很多材料有破损或者缺失了，他们纷纷表示要自己动手修理和制作一些新的材料。其中，用来垫餐盘的竹编垫引发了孩子们的激烈讨论：

问题一：哪些地方可以用到编织垫？（劳动意愿的激发）

问题二：编织垫需要哪些材料？（劳动材料的选择）

孩子们开展了前期调查，借助网络、书籍、实地寻访超市等途径，查阅、收集相关图片资料，了解了常用隔热垫的材质、样式等，为后续编织劳动的实践奠定了扎实的经验基础。

1. 劳动作品的设计——可以编什么样式？

区域活动时，孩子们根据自己的喜好在《我的计划书》上认真地设计着编织隔热垫，有设计餐垫的，也有设计杯垫的。

这些编织垫形状各异、个性十足，不仅有圆形、方形、多边形等基础图形，更有生动形象的太阳花、小兔、卡通车等。

与此同时，孩子们互相讨论着，欣赏着……

"你看，我这边和这边颜色都是排好队的，我看超市里很多都是这样的。"

"我想要用竹编的，竹子凉飕飕的，能给热的东西降温。"

"我用绳子，五颜六色的更好看，然后这里我还可以黏上一些亮片。"

……

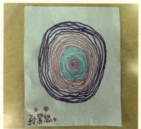

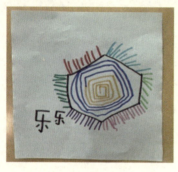

　　有了前期调查的经验积累，孩子们设计出了丰富多样的隔热垫，为他们个性化的创作打开了新的思路。

> 【劳动解析】劳动创作来源于生活，编织劳动的成果更是为生活而服务。劳动前，鼓励孩子自己去调查，自己去发现，为隔热垫的编织设计提供了丰富的经验基础。

2. 劳动材料的选择——用什么来编织？

　　通过前期的创作设计，孩子们基本确定了自己的编织想法。在实践劳动活动中，孩子们拿着设计图，开始选择合适的编织材料与工具。

　　孩子们就像一个个小工匠师一般，比对着手里的图示，挑选着对应的材料和适宜的工具。"我的是圆圆的，我需要用到胶水和固定器。""我的比较难，是弹力绳做的，需要迷你编织机才可以。"……孩子们三三两两地讨论着。

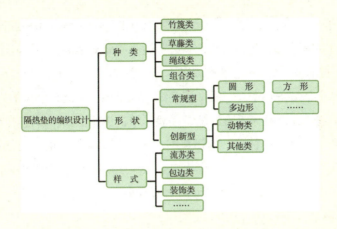

传统编织工具	自制编织工具
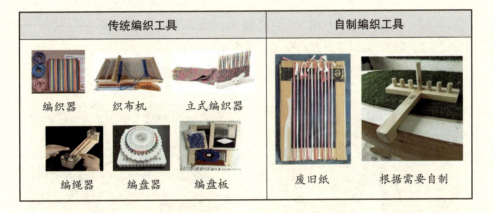 编织器　　织布机　　立式编织器 编绳器　　编盘器　　编盘板	废旧纸　　根据需要自制

> 【劳动解析】大班的孩子对于常见编织工具的作用和性能有了一定的了解，基本能够根据设计思路自主选择对应的编织工具，能根据编织需要，自制研发、设计新的编织工具，在实践劳动中动手动脑得到体现。

3. 劳动技能的运用——要怎么来编织？

选好材料和工具的孩子，很快进入了劳动状态，开始编织。由于前期编织经验的积淀，孩子们对于平面编织的方法已经比较熟练了。

（1）特色竹编隔热垫。竹编是幼儿园具有地域特色的编织劳动，也是孩子们比较熟悉的编织方法。孩子们对竹篾条进行交叉编织，一挑一编既是对编织技能的习得，更是对传统工艺的传承。竹艺坊里，孩子们小心仔细地用竹篾进行编织。"第一根钻下去，第二根爬过去，三根四根接着编，来来回回编织忙。"孩子们一边嘴里轻轻地念着儿歌，一边手里小心翼翼地编织着。基本成型后孩子又开始给竹编添上好看的色彩和装饰，一个个五彩斑斓的竹编隔热垫就诞生了。

（2）乡土草编隔热垫。三股麻花编织已经是孩子们比较熟悉的方法，这一次不少孩子选择通过链接手链的编织经验，结合盘花法的编织方法，将稻草制作成了一个个圆饼状的杯垫。选择草编的孩子们用了简单的盘花法进行编织，圆圆的小杯垫十分小巧可爱。别看男孩子大大咧咧的，也是编织高手呢。古灵精怪的孩子借助画架上的夹子，用扭扭棒将稻草的一段固定在架子上，有模有样地进行着编织。

"左边右边往里编，左一根，右一根……"乐乐跟着口诀认真地编着。

"你看，我这里少了一根，只有两根了，怎么办呀？"

"不要紧的，你就这样左右交叉，两根也可以编的。"

孩子们在互相帮助中，不断分享编织方法，积累编织经验。

通过对孩子们的编织劳动情况进行分析，基本分为传统编织和创新编织两种类型。将孩子们的劳动情况进行简单梳理，基本如下图所示：

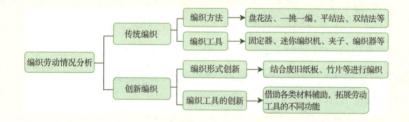

【劳动解析】在编织过程中，孩子们基本能够在独立情况下完成编织，从排列到固定，从编织到定型，掌握了一挑一编的编织法和平面编织技能，而且一个个像小工匠一般，在编织过程中认真专注，沉浸在编织劳动的乐趣中。

随着孩子们编织的隔热餐垫、杯垫越来越多，很快，竹园小憩活动区里已经完全放不下了。于是，一场爱心义卖活动正在悄然发生着。

大班的孩子们把自己精心制作的隔热垫悬挂在柜台前，一个个色彩丰富、形状各异的杯垫、餐垫正静静地等待着买家。

"走过路过不要错过，爱心隔热垫5元一个，快来买呀！"

"阿姨，快来看看，都是我们自己做的哦，买一个吧！"……有些孩子一开始还很拘谨，很快也融入了角色，开始有模有样地叫卖起来。

孩子们此起彼伏的吆喝声，为这次义卖活动更添了一份喜悦和热闹。

孩子们第一次的爱心义卖活动得到了家长的大力支持，编织作品一售而空。我们将得到的义卖款如数捐给了需要帮助的人。

　　创意编织活动中，孩子们通过劳动兴趣萌发—劳动前期准备—劳动实践探索—劳动成果义卖，收获的不仅仅是编织劳动的乐趣，还有劳动实践探索中手部精细动作的锻炼、编织技能的积累，编织过程中一丝不苟、认真专注的劳动态度的培养，劳动成果义卖过程中买卖、宣传等劳动能力的发展，设计餐垫过程中大胆创想餐垫样式、创意设计劳动工具的劳动智慧的激发。编织是中国传统艺术之一，孩子们通过真听真看实感受，懂得了工艺品生产的精益求精，体验了劳动成果的来之不易，收获了心灵手巧积极参与的劳动体验，获得了劳动创造美好生活的效能感，萌发了为未来美好生活奠基的创造力。

第六节

科学探究背景下幼儿园劳动教育微课程

　　萧山区世纪博奥幼儿园位于"市容面貌新、行业设置新、劳动观念新"的钱江世纪城区域。"创新"成为了"新城教育"的灵魂所在。幼儿园结合萧山新城的地域特点及幼儿的生活经验，建立室内与户外双重实践基地，通过自主探究式的学习活动，开展科学探究背景下幼儿园劳动教育微课程实践，让幼儿在动手种植、观察、照顾、猜测、发现、记录、收获等过程中，获取劳动经验，掌握劳动技能，培养劳动习惯，提升劳动态度。

 课程理念

1. 基于探究性学习理论

　　美国教育家、芝加哥大学教授施瓦布提出探究学习模式，将探究性学习定义为一种学习活动："儿童通过自主地参与获得知识的过程，掌握研究自然所必需的探究能力；同时，形成认识自然的基础——科学概念；进而培养探索未知世界的积极态度。"[①] 在劳动教育中提倡探

---

① 钟启泉. 现代教学论发展 [M]. 北京：教育科学出版社，1992.

究性学习，即是让幼儿主动参与劳动过程，从而感知劳动的意义。幼儿园利用丰富的资源，创设良好的劳动环境，让幼儿在观察、感知、体验、实践中获取劳动技能，提升探究能力。

2. 基于苏霍姆林斯基的"蓝天下的学校"

苏霍姆林斯基认为美妙的大自然就是"蓝天下的学校"。他曾说："人的心灵深处都有一种根深蒂固的需要，这就是希望感到自己是一个发现者、研究者、探求者。""蓝天下的学校"可以为幼儿打开一扇通向周围世界的窗口，引起幼儿对大自然的好奇和探究欲望。幼儿园开展科学探究劳动教育的实践与研究，从幼儿实际生活中取材，重视幼儿通过发现、实践获得经验。

 课程框架

幼儿园把劳动体验、劳动探究和劳动实践紧密结合起来，将室内与户外紧密结合，从了解课程目标、优化课程内容、畅谈课程实施以及优化课程评价四方面展开，让幼儿在亲身经历种植过程中，提高观察、探索、表达表现等各方面的能力，拓宽相关的知识经验，激发他们的好奇心和探究欲望，并体会探究劳动的成就感和快乐。具体框架详见下图：

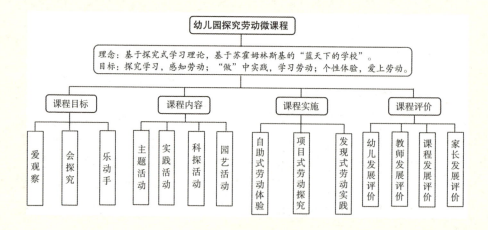

三　课程内容

结合幼儿的年龄特点和季节变化特征，通过主题活动、实践活动、园艺活动、科探活动来选择适宜的内容，引导幼儿运用多种感官感知事物与现象，发展观察力，为其提供尝试、发现、探究、实验的机会。幼儿通过亲自观察、动手种植获得知识，提升对大自然的兴趣，丰富科学知识、养成劳动习惯，学习简单的劳动技能。

探究劳动的课程内容设置见下表。

年龄段	分　类	实施内容			
		主题活动	实践活动	园艺活动	科探活动
小班	粮食类	好吃的蚕豆	观察蚕豆	种蚕豆	蚕豆添花
		豌豆的秘密	剥豌豆	豌豆种植记	豌豆乐翻天
		玉米地里的故事	快乐的玉米宝宝	玉米种植趣味多	紫玉米和黄玉米
	果蔬类	遇见西红柿	西红柿搬家	小小西红柿	西红柿红了
		我和青菜做朋友	腌青菜	小菜农	一园青菜成了精
		柚子树	柚子茶	保护柚子树	柚子和桔子
	经济类	邂逅油菜	榨油啦	一亩油菜	油菜花开
		绿　豆	有魔法绿豆	水培绿豆	绿豆发芽了
中班	粮食类	马铃薯	挖马铃薯	种马铃薯	有趣的马铃薯
		香香的番薯	制作番薯干	番薯乐翻天	"薯"你最有趣
	果蔬类	HI，萝卜	制作萝卜干	一起种萝卜	红萝卜和白萝卜
		枇杷节	枇杷大变身	修剪枇杷树	趣探枇杷
		茄子总动员	会变色的茄子	亲近茄子	茄子开花了
	经济类	你好、花生	制作花生酱	趣味花生	奇妙的花生
		大　豆	制作豆浆	大豆成长记	我和大豆有个约会
大班	粮食类	麦田的故事	割小麦	种小麦	认识小麦
		稻　谷	晒稻谷	谷子种植妙事多	稻谷大探索
	果蔬类	丝　瓜	丝瓜创想	丝瓜秧苗	丝瓜味的乐事
		欢"橘"一堂	榨橘子汁	橘子丰收了	橘子的奥秘
		哇！春笋	春笋美食	挖　笋	笋长在哪儿呢
	经济类	甜甜的甘蔗	甘蔗沙拉	甘蔗种植记	甘蔗的秘密
		春　茶	泡茶记	采　茶	茶从哪里来
		棉花乐	寻找棉花	摘棉花	棉花大变身

四 课程实施

　　基于幼儿实际的生活经验和兴趣，追随幼儿学习需要，通过"自助式劳动体验""项目式劳动探究""参与式劳动实践"这条课程实施路径，帮助幼儿自主参与劳动过程、学会使用劳动工具、开展劳动实践活动、解决劳动中遇到的问题，使幼儿快乐自主地投入到活动中，树立劳动意识、体验劳动乐趣、培养劳动习惯、弘扬劳动精神。（课程实施路径详见下图）

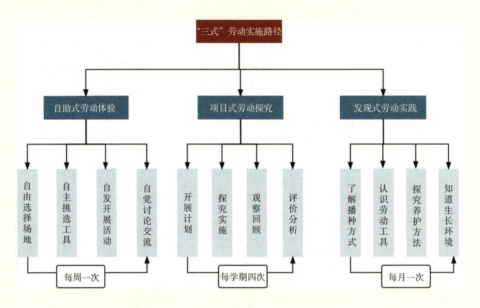

五 课程方案：大班科学活动之制作萝卜干（集体教学）

1. 设计意图

　　幼儿发现种植园内的萝卜渐渐长大，纷纷议论着萝卜的大小和萝卜的用途。我们根据孩子的兴趣，利用幼儿对萝卜干的前期经验，商量着把长大的萝卜制作成萧山特产——萧山萝卜干，感知日照能让萝卜条变小，学习制作萝卜干的步骤，体验劳动的快乐。

2. 活动目标

（1）学习制作萝卜干的步骤，感知日照能让萝卜条变小。

（2）愿意与同伴合作制作萧山萝卜干，体验劳动的快乐。

3. 活动准备

萝卜干制作视频、日照萝卜条图片若干张、萝卜、小刀、盐等。

4. 活动过程

（1）讨论制作方法。

①师幼共同观看制作萝卜干的视频。

②提问：在视频中你们看到制作萝卜干是怎么做的呢？

③幼儿讨论（教师提炼，萝卜干的制作分为清洗、削皮、切条、撒盐、晒干等五个步骤）。

（2）猜测、实践。

①再次播放视频并提问：切成条的萝卜为什么会变小呢？鼓励幼儿大胆猜测原因。

②出示不同日照天数下的萝卜干形态图，引导幼儿仔细观察，通过图片对比进行感知。

③请幼儿实践操作，按从大到小的顺序排列日照萝卜条图片并做好记录。

④教师小结：晴天太阳照射下，萝卜条的水分变少了，才能变成萝卜干。

（3）尝试制作。

①展示萝卜干制作的步骤图，让幼儿学习。

②引导幼儿尝试制作萝卜干，体验清洗、削皮、切条、撒盐、晒干的全过程。

③请个别幼儿分享操作步骤。

5. 活动延伸

幼儿定期观察萝卜条的晒干情况，并用绘画与数字记录萝卜条的变化。

 课程案例：HI，萝卜

大自然、大社会都是活教材。萝卜属于根茎类的蔬菜作物，种植周期短，成长变化较大，容易照料、种植，适合幼儿观察，有利于幼儿获得种植劳动的成功感。

1. 萝卜的种植

为了更好地照顾萝卜，孩子们成立了"萝卜小分队"——播种组、护苗组和丰收组。孩子们对这一次的劳动体验充满了好奇，都跃跃欲试。

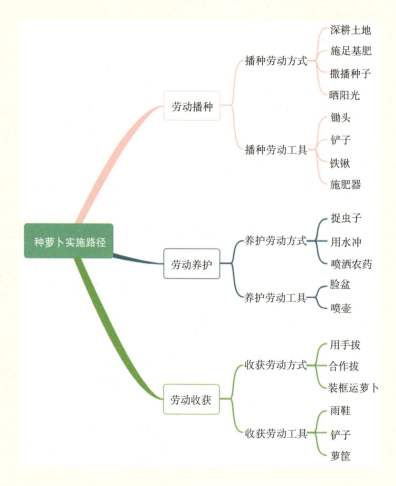

（1）播种小分队之"撒播行动"。

小朋友们用自己的小铲子把泥土翻一翻，将种子埋在泥土之下。但半小时过去了，看着剩下那么多的种子，孩子们觉得速度确实跟不上了。沈老师告诉孩子们:"每个洞需要一定的距离,但是一个个挖洞太麻烦了。我们家里面一般采用撒播的方式,差不多这样均匀地撒到地上!"说完沈老师就示范了撒播的方式。小朋友们一起动手劳动,开始撒播萝卜种子,大家分工合作,把一包萝卜种子全撒好了。然后,小朋友给萝卜种子撒上了适量的水分并施了肥。

(2)护苗小分队之"萝卜生病了"。

一走进种植园,嘟嘟就皱着眉头说:"咦,萝卜的叶子上怎么有这么多的小洞洞啊?"走近一看,果然好多萝卜的叶子上布满了密密麻麻的小虫。孩子们蹲下来,看着白乎乎的小虫子,很着急。有的小朋友想用小手拍掉它们,可是虫子实在太多了。

开心说:"这么多,抓也抓不完。要不我们用水把虫子冲走吧。"

"这样萝卜会不会淹死啊?"悦伊说。

在捉虫的过程出现了很多的争执和疑问,于是孩子们萌发了进一步消灭小虫的愿望。根据开心的经验,孩子们找来了一脸盆的水,然后很小心地用手取一小点水,想要把叶子上的虫子冲走。可是再仔细一看,叶子下面还有很多洞洞啊。

孩子们连忙询问沈老师,她告诉大家:萝卜生长的过程中需要喷洒农药去虫。于是孩子们求助了沈老师。

(3)丰收小分队之"拔萝卜"。

三个月过去,天高云淡、阳光明媚,孩子们精神抖擞地出发拔萝卜了,像攒足了劲儿的小火箭。刚到地里,"哇",孩子们情不自禁地发出了感叹,只见到处一片绿油油的。孩子们一套上雨鞋就下地寻找萝卜去了。

傅煜城高兴地说:"老师,老师,我发现萝卜了,这是红萝卜对吗?"

"你真聪明,这是红皮的秋冬萝卜,是我们家庭中常吃的类型哦!"

凡凡:"老师,老师,萝卜下面是它的根吗?"

"对的,萝卜就是用它的根来吸收养分慢慢长大的,就像小朋友们一样,多多吃饭,就能茁壮成长哦!"

听完,所有孩子都迫不及待地投身到"挖萝卜大战"中!

"拔萝卜,拔萝卜,哎哟哎哟拔萝卜",活动中孩子们用足了劲,力气大的用手拔，力气小的用铲子。看！那边，这么多小朋友一起合作拔出了一个又红又大的萝卜，一个个小脸上洋溢着兴奋、灿烂的笑容。菜园里不时响起一阵阵惊喜的欢呼声和开心的笑声。这片小小的种植园，成了幼儿园开展实践活动的鲜活教材。

老师示范

我来撒播

养护萝卜

拔萝卜

收获萝卜

【劳动解析】通过小分队的分工、合作与探究劳动，孩子们了解到种植蔬菜有撒播、点播、条播、穴播等多种播种方式，亲历了萝卜生长的劳动过程，并通过浇水、施肥、除草等养护方式，积累了丰富的养护经验。在劳动的过程中，孩子们遇到困难能一起想办法解决，并把自己的想法付诸实践。

2. 制作萝卜干

三个月过去，孩子们带上工具集体去田地里拔萝卜。收获后，小朋友的第一个疑惑就是怎么制作萧山萝卜干。通过教学活动了解了制作萝卜干的步骤，我们紧锣密鼓地进行筹备。

劳动小技能（萝卜干制作）：

洗萝卜 → 削皮 → 切条 → 撒盐 → 晒干

（1）去萝卜皮。

宸宸："我们要用刀把萝卜外面的皮去掉。"

琛琛："我看过奶奶有一个削皮的工具，经常给我削苹果吃。"

于是我们去厨房寻找削皮刀，小朋友们尝试着使用削皮刀，但萝卜皮只能断断续续下来一点，这么多萝卜要什么时候才能削完呢？

琛琛："我们还是找厨房阿姨帮忙吧。"

有了厨房阿姨的帮助，小朋友学会了如何使用削皮刀。接下来就是切萝卜咯，小朋友把萝卜切成一块一块的，每块萝卜都切成独有的造型。

（2）晒萝卜干。

我们把切好的萝卜倒在了筐里，细心的萱萱发现了问题，这样晾晒的方法和奶奶的不一样。

萱萱："我奶奶是把萝卜铺在筐上的，不是这样堆在一起的。"

宸宸："我们也没有这么多筐呀。"

琛琛："那我们去问一下沈老师该怎么晒吧。"

小朋友们找到老师提出疑惑，老师并没有直接告知方法，而是在网上寻找晒萝卜干的视频，通过教学活动展示晾晒方法，说明平铺晾晒的原因。

琛琛："那我们把萝卜平铺，不能堆起来。"

妍妍："那我们需要很多筐。"

小朋友们一起去收集筐。孩子们齐心协力，把拔起来的所有萝卜都装进了筐里。一边装，一边嘴里还不停地说："这一下，就可以晒萝卜干了！""对呀！这么多萝卜干做好了就可以吃了！"

洗萝卜、削皮　　　　切条、撒盐　　　　搬运、晒干

3. 卖萝卜干

我们的萝卜干已经做成功了，但是还剩下许多的萝卜，该怎么办呢？孩子们开始七嘴八舌地议论，最后决定走进社区义卖。

"卖萝卜喽，新鲜美味的萝卜，快来呀……"

一位阿姨走过来问："你这萝卜多少钱啊？"

KK 兴奋地说："我们的萝卜两块钱一斤。"

阿姨笑着问："我没有带现金，可以手机付款吗？"

KK 提议借用老师的二维码。当收款时，小朋友们很认真地查看收到了多少元，再把萝卜交到阿姨手上。在这之后，孩子们有了新的叫卖方式——卖萝卜咯，现金、支付宝、微信都可以哦。

市场里充满了孩子们的欢声笑语，收获的喜悦洋溢在每个孩子脸上。

义卖前大讨论

叫卖、吆喝

码上支付

孩子们亲历了种植、管理、晒萝卜干、义卖，在探究中学，在做中学，自然地养成爱劳动的好习惯。通过种植萝卜这个活动，让幼儿在劳动探究中学会使用"铲子、镰刀、锄头"等劳动工具，提升"洒水、施肥、除草"等劳动技能，培养"观察、记录、探究"等劳动态度，养成"主动做事、合作互助、学会整理"等劳动习惯。

第七节
园艺种植背景下幼儿园劳动教育微课程

萧山区所前镇中心幼儿园位于浙江省杭州市萧山南部有着"十八村茶果飘香，五千年山水文化"的所前古镇。这里春夏秋冬景色怡人：春天，茶香四溢；夏天，杨梅满园；秋天，板栗压枝；冬天，梅花飘香。

所前镇中心幼儿园基于"山水古镇"的一脉相连，把握以"儿童为中心"的学习主张，将园内空间打造成"山水儿童小镇"，在"花园、菜园、草园、果园、茶园"的五园小农场中开展春生、夏长、秋收、冬藏的劳动实践，打造"五园·劳动小达人"课程，使幼儿在"五园"中体验劳作生活，培养劳动习惯，习得劳动技能，培养家国情怀。

 课程理念

1. 基于"活"教育思想

基于陈鹤琴"大自然、大社会都是活教材"的课程观，在"五园"的区域实践中利用"山水儿童小镇"中浑然天成的自然材料，带领幼儿走进大自然寻得劳动材料，在亲近自然中自然习得劳动技能。

2. 基于儿童立场

《幼儿园教育指导纲要（试行）》指出，教师应"善于发现幼儿感兴趣的事物"。在"五园·劳动小达人"微课程的建构和实践中，我们秉承劳动基于儿童立场的基本理念，从幼儿为本的角度支持幼儿喜欢的一切劳作，引导幼儿在劳动中形成有自主想法的探究模式。

3. 基于"玩中学"的理念

皮亚杰在《儿童智力的起源》中提出了"玩中学、学中玩"的概念。在"五园·劳动小达人"微课程实践中，我们将"玩""学""劳动"有机结合，通过"玩"来激发幼儿求知的动力，使幼儿在劳动实践中习得知识，提高动手协作的能力。

 课程框架

"五园·劳动小达人"微课程秉承"以'五园'为劳动实践平台，贯穿'感知体验、学习实践，强化劳动体验、亲历劳动过程'的实践主线，培养亲自然、乐种植、勤动手、善观察、爱动脑的'劳动小达人'"的目标，立足于幼儿的能力发展水平与生活经验，以劳动为基点，在"自然知识拓展—动手能力培养—培养健全人格—实践与感悟"的过程中，在"幼幼—师幼—家幼"的互动中，促进幼儿身心和谐发展。

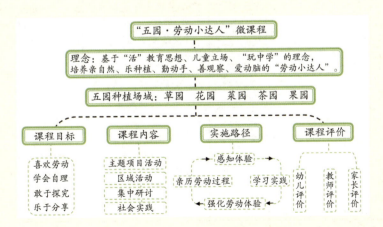

课程内容

"五园·劳动小达人"微课程基于幼儿年龄特征，选择适宜的活动内容，让各年龄段的幼儿都能在"主题项目活动、区域活动、集中研讨、社会实践"中收获一定的劳动技能，形成积极的劳动态度和劳动情感。

"五园·劳动小达人"微课程内容					
场域与年段		主题项目活动	区域活动	集中研讨	社会实践
草园	小班	悠悠绿草节	草籽展览会	含羞草为什么会"害羞"？	我去劳动
	中班			怎么样可以让种子喝饱水？	和小伙伴一起拔草
	大班			苍耳为什么像"小刺猬"？	制作薄荷糖（亲子）
花园	小班	美美花花节	花艺博览会	花长什么样？	种花（亲子）
	中班			花会爬墙吗？	观察牵牛花
	大班			向日葵真的会围着太阳转吗？	采摘葵花籽
菜园	小班	鲜鲜蔬菜节	蔬菜大变身	番茄的味道是怎样的呢？	摘番茄
	中班			青菜有多高？	油菜花籽榨油（亲子）
	大班			哪些菜是有味道的呢？	给植物搭棚
果园	小班	甜甜香果节	果实创意展	橘子有几瓣呢？	摘橘子
	中班			哪些果实可以吃？	摘李子（亲子）
	大班			怎么留住樱桃？	摘樱桃
茶园	小班	青青绿茶节	茶艺大比拼	茶长在哪里？	采茶
	中班			采茶的方法有哪些？	茶山游（亲子）
	大班			制茶的方法有哪些？	参观茶厂

注：表格最左侧合并单元格为"五园种植场域"

四 课程实施

对"劳动的区域、内容、开展形式"进行梳理优化调整更新，以"感知体验、学习实践，强化劳动体验、亲历劳动过程"的实施路径在"五园种植场域"中开展劳动实践，唤起幼儿劳动最光荣、最美丽的内在意识，使幼儿树立劳动缔造幸福、劳动带来快乐的实践精神。

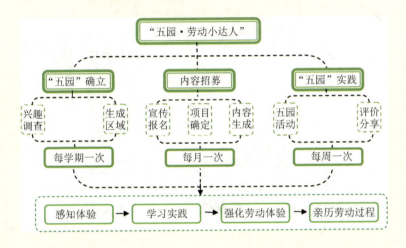

五 课程方案：鲜鲜蔬菜节（中班）

随着菜园里的蔬菜不断成熟，孩子们的关注与兴趣也不断提高。结合中班幼儿的劳动发展目标，本园借助鲜鲜蔬菜节，让幼儿亲身实地去探究、发现、想象、操作、表现，从而在家乡的怀抱中自然地成长，感受劳动带来的成就感和幸福感。

1. 主题网络

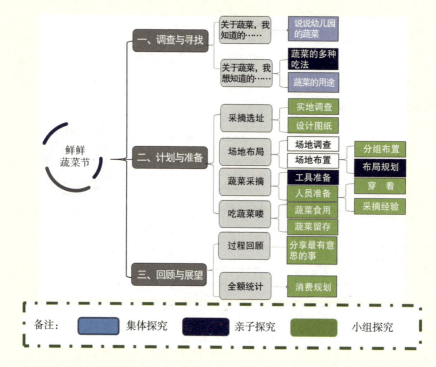

2. 活动目标

（1）记录观察结果，提高幼儿的观察能力，同时学会运用劳动技能进行农作和收获。

（2）探究种植物，进行丰富的创造性活动，养成良好的劳动习惯。

（3）通过多种亲历养护形式丰富对植物的认知经验，了解植物的生长规律、护理方法。

3. 活动准备

（1）物质准备：菜园里的蔬菜、扁担，各种种植工具（如铲子、耙子、锄头等），各种容器（如箩筐、篮子、盒子等）。

（2）经验准备：幼儿有一定的种植经验；知道劳动态度对于种植的重要性。

4. 活动时间及内容

活动时间	活动名称	活动准备	活动形式
4月	养护春笋	幼儿园竹园、养护工具	集体研讨
	养护蚕豆	幼儿园小农庄、养护工具	集体研讨
	种植番茄	幼儿园小农庄、种植工具	区域活动
	寻找野菜	园外野菜园、采摘工具、记录本	社会实践
	收油菜籽	幼儿园小农庄、采摘工具、各种容器	区域活动
5月	收获春笋	幼儿园小农庄、采摘工具、各种容器	区域活动、社会实践
	收获蚕豆	幼儿园小农庄、采摘工具、各种容器	区域活动
	养护番茄	幼儿园小农庄、养护工具	集体教研
	移植野菜	园外野菜园、采摘工具、记录本	区域活动、社会实践
	榨菜籽油	幼儿园小农庄、采摘工具、各种容器	集体研讨、社会实践
6月	晒春笋干	幼儿园小农庄、晒制工具、各种容器	集体研讨、社会实践
	义卖蚕豆	幼儿园小农庄、采摘工具、各种容器	集体研讨、社会实践
	收获番茄	幼儿园小农庄、采摘工具、各类容器	区域活动
	收获野菜	幼儿园小农庄、采摘工具、各类容器	区域活动
	菜油义卖	幼儿园、菜油	集体研讨、社会实践

5. 活动说明

在五园种植、收获的过程中，引导班级幼儿在各自的种植园基地，进行本班种植物劳动成果的采摘、筛检、榨取、晒制、销售等收获活动。根据班级幼儿的活动意愿，开展班本"鲜鲜蔬菜收获节"等活动，组织尊重劳动成果、尊重劳动价值和尊重儿童活动方式的有意义的实践成果展示活动。

课程案例：金灿灿的油菜花

在菜园劳动课程实践中，每年面对金灿灿的油菜花，闻着花香，孩子们忙个不停，有的翻土，有的除虫，有的拿着放大镜不停地看……孩子们的劳动愿望迫切，劳动意愿强烈，劳动技能熟练，他们愿意劳动，主动劳动。基于此，我们开展了以下劳动实践活动：

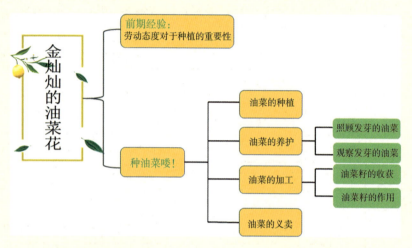

1. 油菜的种植

因有了之前的种植经验，孩子们知道种菜之前要翻土和浇水，孩子们人手一份工具，有的孩子锄好了，还会去帮助浇水的小朋友一起抬水。

到了撒种子环节，孩子们不确定去年的失败跟种子的播撒有没有关系，于是提出分块播种，一半菜地把种子撒在土上面，一半菜地把种子埋入土里。

> **【劳动解析】**在种植的过程中，孩子们愿意主动去进行种植，同时愿意分工合作。在劳动技能上，孩子们学会了使用锄头。两个人一前一后进行分配，锄的孩子沿着直线锄地，另一个跟在后面进行播种。孩子们学会了结合劳动工具的特点进行科学使用。同时面对水桶、水壶的数量少这个问题，孩子们懂得主动去借。我们发现他们在劳动态度上有了较大的改变。

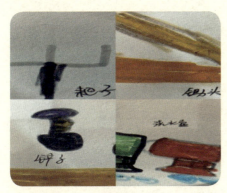

劳动工具

种植过程

铲　土

锄　地

2. 油菜的养护

（1）照顾发芽的油菜。

幼儿每天都到菜园去看看油菜的生长情况。终于，在一个清晨，孩子们惊喜发现：直接播撒和埋种的油菜种子都发芽了！

"这次我们分工吧，第一组负责每天浇水。"

"那我们第二组每天进行除草。"

"那我们第三组就定期进行施肥吧……"

孩子们你一言我一语地安排着油菜的养护工作，每天按照自己制订的养护计划坚持进行着油菜地里的劳动。

每日观察

小组分工

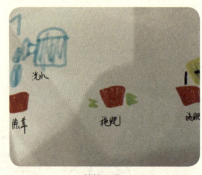

养护工作

养护计划

（2）观察发芽的油菜。

孩子们惊奇地发现原来我们的油菜芽每天都不一样：

刚出头的油菜种子有的是刚刚裂开一个小缝，漏出白白的肚皮；有的刚钻出一个小芽，尖尖的；有的已经长出了绿绿的小小的叶子。

"今天我发现油菜叶子上面有个洞。"

"也有可能是小鸟啄的。"

在油菜叶子上发现了小蜗牛，"是蜗牛吃的吗？"

"我们抓一只蜗牛，再放几片叶子，如果它吃的话，那就是它咬的。"

结果证实"蜗牛是喜欢吃油菜叶的"。

于是，"抓蜗牛小分队"行动了，油菜叶子慢慢好了起来。

孩子们用观察记录本进行记录，每天都会将油菜的生长变化记录下来。

菜叶上面有蜗牛　　　　　　　　　　　抓蜗牛小分队

【劳动解析】在活动中，孩子们对于植物的生长过程执着关注，针对自己发现的现象进行记录，有时还会跟自己的朋友分享每天的记录。孩子们的劳动态度已经从愿意劳动变为执着劳动了。除了锄地、播种之外，孩子们结合农作时出现的问题进行解决，劳动技能得到了提升。

1 发现油菜开花
2 菜叶上有蚂蚁
3 菜叶上有洞洞

3. 油菜籽的加工

（1）油菜籽的收获。

随着油菜的不断长大，我们可以进行收获了。

"我们的油菜长大成熟了，可以收割了。可是要怎么收割呢？"

小朋友们都在想办法如何更快地把油菜收割。

我们用什么工具才能把菜籽弄出来呢？在我们教室找找有什么工具可以用。

"我们可以用手剥。""我们可以用脚踩。""我们可以用棍子。"

孩子们都找到了自己需要的工具。菜籽开收啦！经过吹、筛、摇把杂质都弄掉，留下了最好的菜籽拿去榨油。

吹菜籽壳

用网筛籽

摇摇菜籽

用棍子打

【劳动解析】随着油菜的不断成熟，终于可以进行收获了。从一开始的用手剥，到用脚踩，再到使用了工具棍子，孩子们学会了使用工具进行收获，同时还学会了吹、筛、摇等技能进行菜籽的筛查。这个过程中孩子们非常开心，非常珍惜自己的劳动成果。

（2）油菜籽的作用。

随着油菜的不断长大，油菜长出了油菜籽。你们知道油菜籽有什么作用吗？

"我妈妈说我们炒菜用的油就是菜籽榨的。"

"爸爸说菜籽可以重新播种。"

"明年还要种，要留一部分做种子。"

"我想看看油菜籽里的油要怎样才能榨出来。"

最终孩子们决定去村里的榨油点，参观榨菜籽油。

观看榨油

榨油过程

4. 菜籽油的义卖

油菜籽变成了菜籽油。有了这些菜籽油以后怎么办呢？孩子们想到了义卖，获得钱可以给别人。于是孩子们开始筹备菜籽油的义卖。

"老师，我们把油装到小瓶子里去卖吧！"孩子们想到了食品的包装。

"好啊！我要让我妈妈来买一瓶带回家去吃，这可是我自己亲手种的。"

"快来看看，这是我们自己种的菜籽油。"

设计包装、价格制定

创意销售

　　孩子和家长卖力吆喝，同时用了买一送一的方法，来买油的越来越多，孩子们都很开心。

　　幼儿在油菜园劳动的点滴时光中养成了热爱劳动的态度，从愿意种油菜到主动给油菜苗浇水施肥捉虫，再到创意收获油菜籽、义卖菜籽油，幼儿的劳动积极性一点点提高，劳动价值感一点点滋生。

小芽儿农场背景下幼儿园劳动教育微课程

　　杭州市萧山区湘湖幼儿园坐落在八千年古舟、三万顷碧波、充满诗情画意的湘湖风景区内，幼儿园利用 2000 多平方米的绿色实践基地——小芽儿农场，开展原生态的绿色种植实践活动，通过劳动体验，接触最初的劳动方式，感受劳动过程的辛苦，体验劳动丰收的快乐，培养幼儿种植的劳动意识、劳动态度及劳动技能。

 课程理念

1. 基于"劳动民间教学"——愿意劳动

　　苏霍姆林斯基提出："劳动是有神奇力量的民间教育学，给我们开辟了教育智慧的新源泉。"劳动教育应扎根于实践，让幼儿在实践体验中去感受劳动。我园小基地实践劳动体验正好给幼儿提供了这样的劳动实践机会，在种植劳动的过程中亲近大自然，萌发劳动意识以及爱上劳动。

2. 基于"劳动感官教育"——体验劳动

　　蒙台梭利认为："幼儿的教育应该以感官教育为主，通过感觉、行走、触摸来使自己获得各种能力和技巧。"在幼儿时期开展一定的劳动锻炼，不仅能促进幼儿肢体动作的协调性，更重要的是幼儿可以将从反复实践中所获得的劳动知识和技能，成功"迁移"到教育实践和生活中去。由此可见，幼儿劳动教育在幼儿初步知识教育中具有重要的作用。

 课程架构

　　小农场劳动基地课程，从劳动目标、内容框架、活动形式以及劳动工具四个方面进行整体劳动体验内容的架构：以不同年龄段的劳动体验内容为抓手，形成有着特定模式的基地劳作板块；以不同组织形式和劳动工具的创新与开发，让幼儿建立起全新的劳动意识。

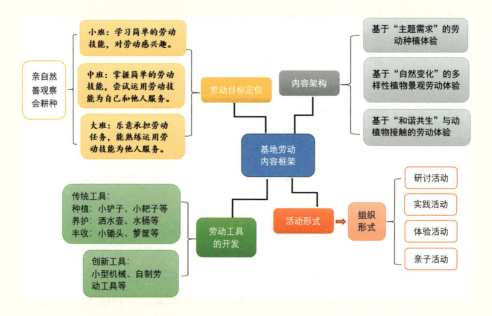

 课程实施

　　我们探索了基地劳动体验的实施路径：劳动内容确立—劳动者招募—劳动

活动实施。具体思路如下图所示。

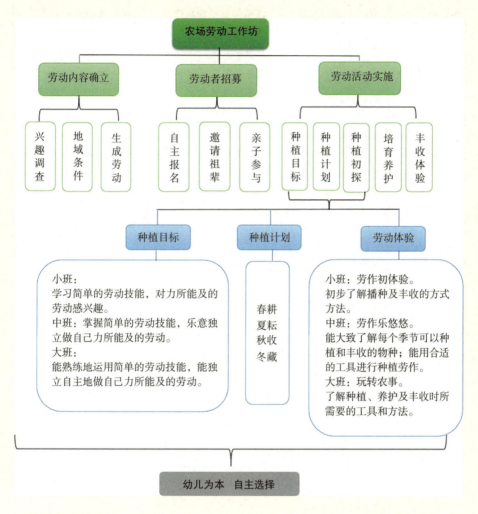

四 课程内容

小农场劳动体验课程基于"主题需求""自然变化""和谐共生"三大板块，结合各段幼儿的年龄特点，梳理相关的劳动体验契机，多方面、多角度地让幼儿感知劳动、体验劳动，形成一定的劳动能力。

内容\年龄段	基于"主题需求"的劳动种植体验	基于"自然变化"的多样性植物景观劳动体验	基于"和谐共生"与动植物接触的劳动体验
小班段	主题： 秋天里 冬天来了 春天里	按季节： 春季：紫藤的"花语" 夏季：豌豆花的秘密 秋季：桂花飘香 冬季：梅花	探秘小蚯蚓
中班段	主题： 多彩的秋天 拜访春天 动物乐园	按天气： 雨后的水珠 干涸的泥土 "歪着头"的植物	萌鸭成长记
大班段	主题： 我想知道的 冬天的秘密 神奇的大自然	按节气： 立春：萝卜 小满：水稻 大暑：荷花 白露：番薯	孔雀"回家"

 课程案例：甘蔗成长记

课程缘起：

在一次下午点心活动中，幼儿园给孩子们准备的是甘蔗这一水果，孩子们自主领取后，对于甘蔗的讨论就这样开始了：

幼儿：为什么我这段甘蔗和你的不一样？我的这段甘蔗有一节硬硬的，是什么？

幼儿：甘蔗是怎么种出来的？

幼儿：甘蔗长得都一样吗？为什么有些甜，有些不甜呢？

于是，一场甘蔗的探秘之旅开始了！

1. 种植前：兴趣需要——来自孩子们的种植随想

幼儿：甘蔗有种子吗？

幼儿：它是怎么种的呢？

幼儿：生长出来的甘蔗长得都一样吗？

　　幼儿对甘蔗的种植有兴趣，正是激发幼儿探秘甘蔗生长的有利契机，教师通过引发兴趣（讨论甘蔗的种植）、信息收集（甘蔗种植大猜想，了解前期经验）以及深入探究如何种植甘蔗来实施种植前期的劳动经验调查。

　　甘蔗种植大猜想：甘蔗是怎么种的呢？

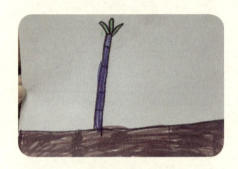

整根甘蔗种在泥土里

甘蔗的小苗种下去

将种子种下去，就会长出甘蔗

把甘蔗切成一段一段，种下去

　　【劳动解析】通过对种植甘蔗的话题讨论，萌发幼儿的劳动意识，同时在甘蔗种植大猜想的过程中，让幼儿初步认识和感知劳动。

2. 种植中

　　基于前期对甘蔗种植活动的兴趣和猜测，孩子们开始动手种植甘蔗，从

"劳动工具的选择、了解种植过程以及甘蔗后期养护照料"这几方面来开展和实施种植甘蔗的劳动体验。

（1）做中学——草根专家提供经验支持。

甘蔗到底是怎么种的呢？种植甘蔗都需要用到哪些工具呢？

甘蔗种植工具大搜罗：

铲 子　　　　　　　　　　　　铁 耙

锄 头　　　　　　　　　　　　洒水壶

塑料薄膜　　　　　　　　　　水 桶

在探索种植甘蔗需要哪些劳动工具后，我们邀请祖辈家长进园予以指导，通过实物展示和实际操作让幼儿了解种植甘蔗的正确操作步骤。

甘蔗种植操作步骤图：

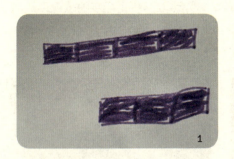

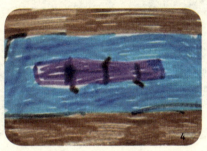

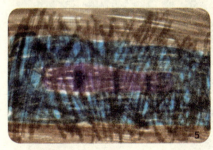

1. 把甘蔗切成一段一段。
2. 寻找甘蔗节头上的"牙苞苞"。
3. 正面朝上，平放在泥土里。
4. 浇水。
5. 盖上泥土。

【劳动解析】我们邀请了祖辈家长做深入指导和实践，让幼儿在亲身实践中感知甘蔗的种植形式。同时，幼儿也跟祖辈家长学习到了农耕方面的种植知识，有助于幼儿深入探究种植甘蔗实践活动。

（2）发现与探究——进入观察养护期。

甘蔗在孩子们的精心养护中慢慢长大了，在这一过程中孩子们对于养护甘蔗有了一定的探索和发现。

在观察养护过程中，幼儿对于种植养护劳动工具有了初步的认识，知道了每一种养护工具的正确使用方法。

甘蔗养护工具大集合：

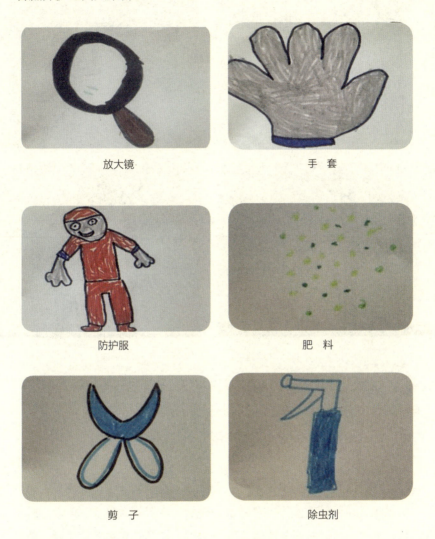

放大镜　　　　　　　　　　　手　套

防护服　　　　　　　　　　　肥　料

剪　子　　　　　　　　　　　除虫剂

　　同时，通过平日里咨询专业人士以及调查记录，幼儿总结了甘蔗种植期间的养护和照料方式。

1 定期浇水，不能让泥土太干。

2 经常看看甘蔗有没有长虫，有的话用镊子取掉。

3 当甘蔗太细时，要适当地撒上肥料，也可以用人工肥。

4 当叶子太长时，会影响甘蔗的生长，要及时修剪掉。

【劳动解析】在劳动体验过程中，幼儿对于甘蔗的养护方式有了一定的了解，知道在照顾甘蔗期间要定期浇水、除虫、施肥以及剪叶；同时，对于农具产生了兴趣，通过对这些劳动工具的使用去提升自我的劳动技能，转变个人劳动态度。

除此以外，在养护的过程中，幼儿对于甘蔗的生长过程和特征也有着很多的发现：

发现 1：甘蔗皮外面还有一层白白的像面粉一样的东西。

发现 2：甘蔗的老头都是长"胡须"的。

发现 3：这个"胡须"是根还是茎？

……

针对孩子们的争议点，通过追踪调查来寻找答案。

在观察记录中，孩子们发现了甘蔗的特征：

①甘蔗的"胡须"是根系，它叫气根。

②甘蔗外皮那一层白色的叫蔗蜡，表面的白粉是甘蔗用于防蚊虫的保护物。

③甘蔗有不同种类，有红皮甘蔗和青皮甘蔗。

④红皮甘蔗节头矮一点，青皮甘蔗节头长一点。

在记录和发现甘蔗"秘密"的同时，孩子们又有了新的问题："为什么甘蔗的节会出现不同的长度呢？"

有一天在农场，孩子们发现义工奶奶正在掰掉甘蔗的"衣服"。带着"剥掉衣服的甘蔗节头会长得更高？"的疑问，孩子们新一轮的探究又开始了。

　　为了弄清甘蔗节的长短和甘蔗叶的关系，教师支持孩子们通过实验的方法来进行比较。孩子们选了两根长势差不多的甘蔗，一根去掉叶子多一点，一根叶子保留。经过一星期的等待，孩子们果真发现了大不同：那根去掉叶子的甘蔗节头长高了，而包着叶子的甘蔗节头之间的间距会变短。（见下表）

> **【劳动解析】** 在甘蔗的种植和养护体验中，幼儿能运用劳动工具来进行基本的耕种和养护；通过调查表收集相关的资料，幼儿知道了甘蔗的基本养护方法，提升了培育农作物的技能；在观察农作物生长过程中，幼儿能够不断发现并解决偶然生发的科学探索点，不断修正自己的劳动行为。

3. 丰收后

农场的甘蔗成熟了，对于大片的甘蔗地，幼儿开始讨论：甘蔗如何丰收？

1 可以和朋友一起拔出来。

2 用刀砍下来。

3 用锄头把底部挖松，再拔。

（1）刨甘蔗。

（2）尝甘蔗。

（3）劳动成果运用于生活。

①成品制作初体验——甘蔗变蔗糖。

在品尝过整个甘蔗的味道后，新的问题又出现了：

幼儿：甘蔗真的能做蔗糖吗？

幼儿：蔗糖是怎么熬制的？

带着疑问，孩子们开始了新一轮的探寻。对于孩子们的猜测，我们进行了验证，但是熬制最终以失败告终，这是为什么呢？孩子们和爸爸妈妈一起通过网络查到了正确答案，原来做蔗糖挑选粗壮的糖分足的甘蔗是第一步，清洗削皮后要经过榨汁熬制才行。我们失败的原因是没有榨汁，熬制的时间也不够！

②创设情境深体验——MOMO 村卖甘蔗。

在幼儿提出"吃不完的甘蔗可以将它卖掉"的主意后，利用 MOMO 村义卖活动，让幼儿在实践活动中不断产生新经验、新认识，发展幼儿适应社会的能力。

先进行"市场调研"，通过对各个水果店的了解和比较，提前知晓甘蔗的价格和出售方式，了解了大概的市场行情，孩子们也就有了调价浮动的把控能力；然后"用心策划"，设计布置售卖处、价格牌，以及学习和熟悉与顾客的交流方式方法；最后根据顾客的需求去做好每一单"生意"，通过收现钱和提供支付码的方式去算好每一笔费用。

【劳动解析】在甘蔗丰收活动中，幼儿通过采摘、分享、制作和义卖等多种形式，充分体验收获劳动成果的喜悦。制作和义卖的过程，也是探索和参与社会劳动实践活动的重要契机，可以感受、体验、解决生活中关于劳动服务的相关问题。

通过小芽儿农场种植甘蔗劳动体验，幼儿经历了种植方式的"探秘"、劳动工具的选择和使用、运用适宜的工具来判断植物的生长情况、掌握甘蔗的正确养护方法，提升了各项劳动技能。在养护和丰收的过程中，种种劳动行为让幼儿养成幼儿不怕脏、不怕累、勇敢、坚强的劳动品质，深入感受劳动成果来之不易，也懂得了要更加珍惜劳动成果。

第五章

家庭小帮手
亲子课程

幼儿亲子家务劳动清单

　　《3—6岁儿童学习与发展指南》提出要让儿童具备基本的生活自理能力，鼓励孩子们做力所能及的事情，并让他们掌握生活自理的基本方法。在家庭的家务劳动中，同样应该给孩子动手的机会，培养孩子对家庭的责任感和归属感。那不同年龄段的孩子能做什么？成人怎么引导呢？不同年龄段孩子能做的事情不同，当孩子表现出愿意去做的意愿时，其实就是在提醒成人，该放手了。当然，不是完全放开，而是给机会、教技巧。

　　围绕常见的家务劳动内容，按3—6岁幼儿年龄特点，我们分阶制定了幼儿亲子家务劳动清单，并例举其中几类家务劳动的亲子操作案例，旨在为老师和家长培养幼儿家务劳动能力提供支持。

幼儿亲子家务劳动清单		
3–4岁	4–5岁	5–6岁
1. 餐前分筷勺 2. 餐后回收自己的碗筷和厨余垃圾	1. 擦桌子 2. 餐后回收全家的碗筷和厨余垃圾	1. 择菜 2. 为家人盛饭

幼儿亲子家务劳动清单		
3~4岁	4~5岁	5~6岁
3.脏衣收集 4.将物品收回原处 5.给植物浇水	3.叠衣服 4.垃圾分类 5.扫地 6.整理日常物品 7.植物松土	3.洗碗 4.叠被子 5.晒衣服 6.分类整理日常物品 7.拖地 8.植物施肥 9.照顾宠物

第二节
幼儿亲子家务劳动案例

 脏衣收纳——"脏脏衣服要回家"

1. 故事

晚上，天天爸爸洗完澡换下了许多脏衣服，他本想马上放到洗衣机里去洗，可是阳台晾的衣服还没干，他只好先把脏衣服放到脏衣篮里。这时，天天突然跑过来找爸爸玩，夺过爸爸手里的脏衣服一股脑儿全扔进了一个脏衣篮里，包括上衣、裤子、袜子、内裤等。爸爸见状，赶忙捡起了脏衣篮里的衣物。他告诉天天："我的宝贝，我们每个人都有自己的家，脏衣服宝宝们也有自己的家。深色衣服是一家，浅色衣服住一家，深浅衣服不进一家门。贴身的衣服为一家，不贴身的衣服又是一家。对咯，还有臭袜子，臭袜子没人爱，臭袜子和臭袜子一个家。"

天天听完爸爸的话说："爸爸，刚刚是我不好，我现在要赶快把你的脏衣服送回它们自己的家。"

于是，天天和爸爸一起开始了脏衣分类，分好类后又将它们分别放在了不同的脏衣篮里。

2. 反思

脏衣收纳是一件很寻常的家务劳动，然而孩子们缺乏脏衣收纳的经验，多半由父母替代或脏衣收纳不科学。这时候，就需要家长们教授子女正确的脏衣收纳方法，并多多给予幼儿脏衣收纳的机会，让他们逐步养成换下脏衣就能进行分类的意识与习惯。故事中，天天的爸爸在脏衣收纳事件中引入了"家"的概念（从"我们每个人都有自己的家"到"脏衣服宝宝们也有自己的家"），整个过程均使用儿童能理解的语言进行教育，并在情感上引起孩子的共鸣，于是一场"把脏衣服送回家"的行动开始了。

3. 建议

（1）设计"衣物洗涤计划清单"，与孩子一起了解不同衣物的洗涤要求，知道收纳脏衣服的分类方法。

（2）在不同的脏衣篮上贴上标签，便于孩子分类和收纳。

衣物洗涤计划清单	
标　签	种　类
	深　色
●	浅　色
……	……
备注：标签和种类可根据当日洗涤衣物的类型灵活调整。	

（二）垃圾分类——"吃垃圾的怪兽"

1. 故事

晨晨家里有好多垃圾桶，客厅、卧室、厨房、卫生间……都放了垃圾桶，有的桌子上也摆了小小的垃圾桶。可即便是这样，晨晨也未养成把垃圾扔进垃圾桶的好习惯。这可怎么办呢？晨晨妈妈又试图经常性地教育晨晨不能随手乱扔垃圾，然而晨晨还是没有太大转变。

这一天，晨晨在客厅边看动画片边吃零食，他又将垃圾扔得到处都是。妈妈生气急了，正要发怒的时候，她突然想到：晨晨喜欢小怪兽，如果我告诉晨晨垃圾桶们都是一只只可爱的小怪兽，他会不会有所改变呢？于是，妈妈想了一个好办法……

"晨晨，晨晨，你过来。你看我们家有这么多垃圾桶，每只垃圾桶的颜色还不一样呢，它们都是吃垃圾的小怪兽。我们一起去喂饱这些小怪兽吧。"

晨晨听到小怪兽，马上就兴奋了起来，他立马就答应了。于是，他和妈妈一起将地上、茶几上的垃圾都收集到了一块儿。他正准备把手中的垃圾全部扔进一个垃圾桶里时，妈妈制止了他。妈妈着急地摆了摆手，说道："不不，晨晨，不能把这些垃圾都给同一个怪兽吃。每只怪兽吃的东西不一样，如果我们把它不能吃的东西喂给它，它会生病的。你想这些可爱的怪兽生病吗？"晨晨坚决地摇了摇头。于是，妈妈将每个小怪兽的喜好都讲给了晨晨听。"绿色的小怪兽喜欢吃易腐垃圾，蓝色的小怪兽喜欢吃可回收垃圾，红色的小怪兽喜欢吃有害垃圾，黑色的小怪兽喜欢吃其他垃圾……"晨晨听得入了迷，他对小怪兽喜好的食物非常感兴趣，还向妈妈保证一有垃圾就去给小怪兽们喂它们喜欢吃的"美食"。

2. 反思

垃圾分类人人有责，要培养孩子们养成垃圾分类的好习惯，是一个循序渐进的过程。案例中晨晨的妈妈先是采取了说服教育的行动，未果。后来，她巧用孩子喜欢的动画形象帮助孩子改掉随地乱扔垃圾的坏习惯，知道垃圾要扔进垃圾桶。然后乘胜追击，借着动画形象慢慢引导晨晨形成垃圾分类的意识。正确的意识才会引发正确的行动，家长教育的种子撒下去后，就静待花开，总有一天孩子们会出现"我要垃圾分类，我会垃圾分类"的行为。

3. 建议

（1）通过谈话或情境创设让孩子知道要将垃圾放入垃圾桶内，和孩子一起学习垃圾分类的知识和方法。

（2）邀请家庭成员轮流扮演垃圾分类监督员，每周记录家庭垃圾分类的情况。

家庭垃圾分类监督清单					
日　期					问题反馈
周　一	√	√	√	√	
周　二	√	√	√	√	
周　三					
周　四					
周　五					
周　六					
周　日					

三　整理物品——"整理工程公司"

1. 故事

在结束一周的忙碌后,小美和爸爸妈妈在周六睡了一个饱觉。起床后,看到家里一片狼藉,过去五天都没有好好整理、收拾的家连个落脚地都找不到。小美的爸爸妈妈决定把家好好整理一番。家务是每个家庭成员都要承担的任务,如何把小美拉进做家务的队伍呢?小美的爸爸妈妈想了一个好办法——让小美扮演整理工程公司的员工。

"喂,是整理工程公司吗?我们的家实在太乱了,需要你们的帮助。"小美爸爸手做打电话状。

"是,这里是整理工程公司。请问你们家在哪儿呢?我现在就过去帮忙!"小美兴奋地回应着爸爸。

"砰砰砰,砰砰砰……"小美假装敲了敲门,然后说:"我是整理工程公司的,我们开始整理吧。"话音未落,小美就撸起袖子,开始整理物品了。小美的爸爸妈妈相视一笑。"整理工程师,请你记得把同类的物品放在一起哦,然后摆得整齐一点哈。"小美爸爸故意提高音量说道。"我知道的，我知道的！"小美听了爸爸的话后干劲更足了。小美认真地整理物品，小美的爸爸妈妈看着小美辛苦整理的模样，也决定加入整理工程师的队伍，一家人在忙碌中逐渐收获干净、整洁的家。

整理完毕后，三人累得全都瘫在沙发上，小美说："这真的是又累又快乐的一天啊，我通过自己的劳动让家里焕然一新，我太开心了！"

2. 反思

物品整理是保持家庭整洁的一项重要事务，也是家务中必不可少的一个环节。幼儿作为家庭中的一员，理应与父母一起承担整理物品的事项。故事中小美的爸爸妈妈让小美扮演整理工程公司的一员，以角色扮演的形式提升小美参与整理物品的积极性。在整理过程中，他们引导小美物品整理要分类，并与小美一起劳动，真正做到了家庭成员人人参与家务劳动。最后，小美在具体的劳动成果刺激下体会到了劳动的快乐。

3. 建议

（1）鼓励家长和孩子一起观察家庭中的常用物品，并进行初步的分类。

（2）引导家长和孩子一起记住不同类别物品的摆放位置，并摆放整齐。

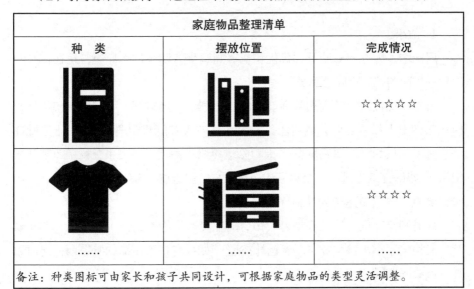

家庭物品整理清单		
种 类	摆放位置	完成情况
![书]	![书架]	☆☆☆☆☆
![衣服]	![收纳]	☆☆☆☆
……	……	……
备注：种类图标可由家长和孩子共同设计，可根据家庭物品的类型灵活调整。		

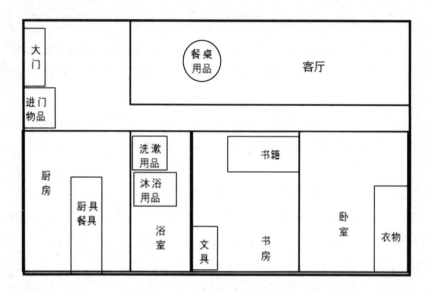

备注：家长和幼儿共同绘制家庭物品摆放示意图，养成物品定点摆放的好习惯。

（四）大扫除——"全家总动员"

1. 故事

周末啦，天气十分晴好，优优和爸爸妈妈坐在明亮的客厅里，正在召开一次别开生面的"大扫除总动员"。

首先，优优决定，大扫除之前要制订计划。优优摊开一张白纸，和爸爸妈妈一起列出大扫除需要完成的任务。优优说："大扫除肯定要扫地！"于是她在纸上画了一只扫帚。妈妈提出："大扫除也要擦一擦家里的桌子、椅子、茶几和柜子。"妈妈在纸上画了一个桌子和一块抹布。爸爸说："窗户玻璃很脏了，大扫除也要擦一擦。"爸爸在纸上画了一扇窗户。

任务制定完成，第二步就是收集劳动工具。优优跑到卫生间拿出扫帚和簸箕，又找出了小水盆和抹布。爸爸补充道："如果有擦不干净的脏东西，还可以加一点清洗液。"

第三步，优优开始分配任务："爸爸个子最高，可以擦窗户和很高的柜子；妈妈有一点点矮，可以擦桌子，还要帮爸爸擦柜子；我最矮，我来擦茶几和椅子。"妈妈问："扫地要怎么办呢？"优优说："擦完东西再扫地，不然脏东西又要把地上弄脏了。家里一共三个房间，我们一人扫一个房间。好啦，大扫除小分队，行动开始！"

任务分配完毕，全家都投入到热火朝天的大扫除中。工作完毕，小分队一起巡视了大扫除过的区域，比一比谁打扫得最干净，优优当选了今日的"扫除之王"！

巡视结束，大扫除小分队又在客厅集合，分享今天的劳动感受。优优说："今天快要累死我了！"妈妈笑着问优优："只有累这一个感觉吗？"优优说："但是，当'扫除之王'的时候特别高兴！"爸爸说："看到家里这么干净，我没当'扫除之王'也很高兴。"妈妈说："住在这么干净的家里可真幸福啊！"

2. 反思

在这次家庭大扫除中，家长给了孩子充分的思考和表达的空间，放手让孩子去制订计划，分配任务，从而帮助孩子形成了主人翁意识，同时也通过讨论与提示帮助孩子发现家庭中更多的劳动任务。在劳动过程中，家长及时给予鼓励，完成劳动后进行了劳动体验和成果的交流，促进了孩子劳动情感的升华。

3. 建议

（1）家长可以和孩子一起制订大扫除的计划，一起确定扫除的工具和方案。

（2）劳动完成后，可以与孩子分享感受，激发孩子的成就感和劳动热情。

家庭大扫除计划清单			
扫除任务	扫除工具	扫除员	扫除成果
		优 优	☆ ☆ ☆ ☆ ☆
……	……	……	……
备注：计划图标可由家长和孩子共同设计，可根据家庭大扫除的要求灵活调整。			

五　叠衣服——"面包叠衣法"

1. 故事

香喷喷的衣服晾干了，妈妈把衣服们抱进来，放在床上堆成了一个小山。

米米坐在衣服堆旁说："妈妈，这衣服也太乱了吧！"妈妈对米米说："那我们来变一个魔术吧，把衣服变成一个个小面包，怎么样？"米米开心地答应了。妈妈一边叠衣服，一边念起了儿歌："左胳膊，放中间，右胳膊，放中间，上下折，各一半，变成面包排排站。"妈妈叠好的衣服真漂亮，方方正正的像一个小面包。米米也迫不及待地想要试一试。

米米学着妈妈的样子把左边袖子叠到中间，又把右边袖子叠到中间，一折，咦，怎么变不成小面包？妈妈告诉米米，对折的时候要找到衣服中间的那条线，两半衣服对整齐，才能变成小面包。米米又试了一次，上下两半叠整齐，果然衣服变成了小面包！妈妈快乐地为米米鼓起掌来。

米米开心极了，和妈妈一起玩起了比比谁做面包快的游戏，衣服山很快就变成了一个个蓬松可爱的小面包，被整整齐齐放进了衣柜里。

2. 反思

在叠衣服的劳动中，妈妈用一首朗朗上口的儿歌将叠衣的过程进行了清楚有趣的表达。当孩子遇到问题时，家长及时的指导和鼓励使得幼儿的劳动兴趣更加浓厚。

3. 建议

（1）与孩子分享劳动相关的儿歌、故事等，通过孩子喜爱的方式让孩子掌握叠衣服等家务劳动的方法。

（2）叠完衣物后鼓励孩子将衣物整齐地放入衣柜，养成整洁有序的好习惯。

六　照顾小宠物——"猫咪小本本"

1. 故事

星期日，小宝有一整天的时间可以和家里的猫咪一起玩，真开心。

咦，猫咪一直在喵喵叫，是不是饿了？小宝抱着猫咪去问妈妈："妈妈，猫咪的饭饭在哪里呀？"妈妈很开心："小宝，你也是猫咪的小主人，要开始学着照顾猫咪了吗？"妈妈为小宝拿来了猫咪的粮桶，可是，猫咪一顿饭要吃多少呢？妈妈建议小宝用小本本记下来。妈妈拿出小量杯，告诉小宝猫咪每天早晚吃两顿饭，一顿吃一小杯猫粮。猫粮是干干的，所以小宝还要学会给猫咪的另一只碗里倒上干净的清水。小宝在小本本上画了一个太阳与一个杯子、一个月亮与一个杯子，以及一个水杯，用来记录喂猫咪的方法。

猫咪吃饱了，玩了一会儿，到猫砂盆里拉便便，好臭啊！小宝捂住了鼻子。

妈妈告诉小宝："臭臭的便便就这么埋在猫砂里可不行，要用铲子把臭臭铲到厕所里冲掉，小宝现在是小主人了，一定能把猫咪的厕所清理得很干净！"

小宝想了想，戴了一只小口罩，戴上一副一次性手套，拿起小铲子，把猫便便铲进了马桶里。这下好多啦！洗干净手后，小宝又在小本本上画了一个铲子和一堆臭臭。

今天小宝的小主人做得真好，小宝在小本本封面上画了一只小猫咪，把本本挂在墙上。小宝说："以后我还要像妈妈给我量身高一样，量一量猫咪有没有长高呢！猫咪本本可以记好多事！"妈妈拿出一张猫咪贴纸送给小宝作为奖励，鼓励小宝争做最棒的猫咪小主人。

2. 反思

劳动来源于幼儿对生活和家庭成员的热爱，家长应及时抓住幼儿的热情与兴趣点，点明幼儿在家庭中的位置，鼓励幼儿建立起承担家庭劳动的责任感。同时，妈妈建议幼儿用本子记录，用量杯测量，用铲子清理，为幼儿的劳动提供了使用工具的指引和支架，帮助幼儿更好地建立起良好的劳动习惯。

3. 建议

（1）鼓励幼儿用本子等将照顾宠物的内容进行记录和规划。

（2）引导幼儿借助不同的劳动工具完成喂食、清理等任务。

家庭宠物照顾单		
劳动任务	劳动工具	时间记录
喂食	量杯	
铲屎	铲子	
洗澡	浴盆、宠物沐浴露、毛巾	三个月以上一次
……	……	……

备注：照顾内容图标可由家长和孩子共同设计，可根据家庭宠物的需求灵活调整。

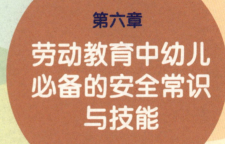

第六章

劳动教育中幼儿
必备的安全常识
与技能

第一节
劳动教育中的基础安全知识

 劳动教育活动中的风险

摔伤碰伤：相较于常规的一日活动，劳动教育的场地更多地在户外，地势和活动实际状况更为复杂。幼儿在劳动活动中不可避免地需要有搬运、上下台阶、攀爬等动作，在这样的过程中则有可能出现踏空、摔伤、砸伤等危险，教师和家长必须充分意识到风险的存在，谨慎选择和布置场地与材料，并对幼儿进行安全教育，指出可能出现危险的场地、材料与情境，预防摔伤碰伤情况的出现。

扎伤戳伤：劳动教育的工具不同于幼儿游戏中的玩具，其材料与质地更倾向于方便和实用，往往更重、更大、更锋利。因此，劳动教育中必须预防劳动工具和劳动材料的扎伤戳伤，教师和家长必须教会幼儿使用各类工具的方法，向幼儿指出使用工具的风险，教会幼儿佩戴相应的保护装备后方可让幼儿进行实际的操作。

烫伤烧伤：劳动教育中可能出现的食品烹饪、陶艺烧制及特殊职业体验等活动都会出现使用明火或高温物体的机会，为避免烫伤烧伤一类危险情况的发生，教师和家长需做好明火与高温物体的阻隔措施，避免幼儿独自与可能造成烫伤烧伤的物体近距离接触。幼儿必须了解可能带来烫伤烧伤问题的装置和情境，学会正确使用此类物品的方法，掌握科学防控高温的自我保护措施。

动物伤害：劳动教育中包括饲养劳动，幼儿可能与所饲养的动物直接接触。幼儿希望与动物亲近，同时也可能成为动物的攻击对象，飞禽家畜与水养类动物可能对幼儿造成咬伤、啄伤、抓伤、踢伤、顶伤、划伤等。因此，教师与家长应关注不同动物的习性特征，选择性情温和的动物，妥善处理动物可能造成危险的部位，并教育幼儿了解动物习性，知道与动物相处时的危险情境，学会避免动物伤害的方法并佩戴相应的护具。

异物入体：劳动教育活动中幼儿可能接触到各种大小的材料物品，出现由于好奇把小物件放进口耳鼻等身体部位的行为，不仅可能使病毒或细菌侵入幼儿机体造成感染，更可能造成窒息。教师与家长应理解幼儿的好奇心理，妥善处理环境和活动中幼儿可能接触的小物件，及时为幼儿讲解异物入体的后果，教会幼儿用更为安全的方式观察与使用较小的物品。

窒息：劳动活动过程中绳索衣饰缠绕脖子、密封物品套住脑袋、危险物堵住口鼻等都可能造成窒息，幼儿必须知道这一类行为的危险性，了解可能造成窒息的危险情境，避免此类危险情况，并了解遇到窒息情况的救助措施。

用水风险：劳动教育包括盥洗、水养类动物饲养、水利类工程、种植劳动等，其中都包括与水的接触。少量用水不当可能导致幼儿呛水、滑倒，大面积水缸、水池则可能导致幼儿溺水。幼儿须了解用水安全常识，不饮用未经烧开消毒的水，避免将水洒出到桌面地面，避开光滑有水的地面，不在水缸水池边打闹推挤，同时了解必要的呛水溺水等情境下的自救措施。

用电风险：现代化的劳动教育中，电器使用无处不在，幼儿应了解电的危害，学会看用电安全标志，不用手或导电物品接触电源和电器，不靠近裸露在外的电线，避免独自用电带来的风险。对于一些日常生活中常见的电器，幼儿应学会正确的使用方法，知道如何安全开关电源。

疾病与过敏：劳动教育中常常伴随着辛劳，这是对幼儿身体和意志力的锻炼，但同时也可能给患病的幼儿带来风险。因此，在进行劳动教育之前，教师和家长应充分了解幼儿的体质和疾病史，对于患病的幼儿进行特殊的健康监控，过敏体质幼儿活动时注意回避过敏源，避免劳动活动引发或加重病情。患病幼儿应了解自身疾病的注意事项或过敏源，能够明确表达身体的不适，主动停止活动并向老师和家长求助。

 ## 劳动活动中应准备的安全装备

为保证幼儿劳动活动过程中的安全，幼儿园应配备足够的安全防护装备与急救包，预防事故发生，做好事故发生后的应急预案。

幼儿园劳动活动中可准备的安全装备如下：

（1）头部护具：安全帽、头盔等，用于户外活动中防止坠落物。

（2）呼吸护具：防尘口罩、过滤式防毒面具。

（3）眼、面护具：防尘眼镜、焊接眼面防护具、防冲击眼护具。

（4）耳部护具：耳塞、护耳罩。

（5）身体防护：雨衣、阻燃防护服、防水工作服、防静电工作服。

（6）手部防护：医用手套、皮手套、隔热手套、绝缘手套、电焊手套。

（7）足部防护：防水靴、防滑鞋、防静电鞋、耐酸碱工作靴、胶面防砸安全靴。

（8）防坠护具：安全带、安全网、防护垫、安全绳。

 ## 急救包的准备与使用

（1）心肺复苏用品：人工呼吸膜，具有嘴对嘴人工呼吸时唾液隔离、空气过滤的功能，防止病菌交叉感染。

（2）清创消毒用品：医用棉签、医用酒精、生理盐水，用于伤口的消毒、吸附脓血等。

（3）止血包扎用品：创可贴、外科纱布敷料、自粘性伤口敷料、医用弹性绷带、弹力网帽、压脉带、三角巾等，用于保护伤口，减少感染，压迫止血，缓解疼痛。

（4）骨折固定用品：卷式骨夹板，用于暂时固定骨折部位，减少就医移动过程中的二次伤害。

（5）辅助用品：医用透气胶带、急救毯、止血钳、安全剪刀、敷料镊、电子体温计、电子血压计、安全别针、一次性使用医用橡胶检查手套、方形小药盒、一次性速冷冰袋。

第二节
幼儿要掌握的劳动安全技能

 劳动前的安全准备

　　劳动教育的目的是培养幼儿主动劳动的态度，帮助幼儿掌握具体的劳动技能，体会劳动的价值与美好。因此，从劳动活动的准备阶段，就应该给幼儿参与设计和准备的机会。除了了解劳动活动内容和过程的安排，幼儿也必须掌握劳动前的安全准备技能。

　　（1）幼儿应了解选择劳动教育场地的常识。幼儿的好奇心和探索欲往往会使幼儿倾向于选择平时鲜少涉及的场地，如小树林、大厨房、小水池等，但伴随着新鲜感而来的也有潜在的风险。在选择场地时，教师和家长应带领幼儿了解不同场地可能存在的危险，判别哪些危险是幼儿能力范围内可防可控的，而哪些危险是难以避免的，从而帮助幼儿选择有趣而安全的场地。同时，在已选择的场地内，教师和家长也应保持警惕，关注场内的风险，做好充分的防护和应急措施。幼儿应了解不同场内可能存在的危险，具备发现危险的观察力和判断力，知道如何避免危险，明确意外情况发生时的自我保护措施和撤离方案。

（2）幼儿应掌握劳动安全护具的使用方法。在劳动教育材料的准备中，教师应根据不同活动内容配备不同的安全护具。面对各式各样的护具，幼儿往往将其作为角色扮演的道具，感到新鲜有趣，而忽视了护具本身的保护意义。因此，幼儿应具备足够的安全意识，明白劳动活动中配备安全护具的重要性，充分了解各类安全护具的使用情境和使用方法，以保证在劳动教育活动中能够获得更为完善的保护。

 劳动中的安全操作

在劳动教育活动中，幼儿可能接触到更多更为自然粗糙的材料，整体的活动也更为自由和多变。因此，在劳动教育的过程中，幼儿须遵守安全活动的规则，进场时有序排队前进，上下楼梯时靠右行走，扶好扶手，不推挤打闹，不从高处向下跳；进行劳动操作时听从教师的安全指令，学习各项劳动装置和材料的正确使用方法，佩戴安全护具，彼此间保留安全距离，回避锐利的器具和材料，回避电源插座，不拿材料和工具与同伴打闹，不将材料放入口鼻耳喉，不自己单独行动离开教师的视线。

 劳动后的安全整理

劳动教育活动后，幼儿应主动和教师一起整理劳动装置和材料，恢复劳动场地的整洁，切断水火电源，关好橱柜门窗，避免遗漏材料用具导致的安全隐患。如在劳动教育活动过程中出现意外的安全问题，无论危险是否发生，教师应带领幼儿进行问题的复盘，回溯安全问题的源头，找到问题产生的原因，梳理处理问题过程中的正确与错误操作，总结处理同类安全事故的方案，如有必要可进行相应的应急演练，帮助幼儿形成系统化的安全技能。

图书在版编目（CIP）数据

爱上劳动 点亮未来：幼儿园劳动教育课程实践/俞沈江主编；李阿慧
编著．—上海：华东师范大学出版社，2022
ISBN 978-7-5760-3055-6

Ⅰ.①爱... Ⅱ.①俞... ②李... Ⅲ.①学前教育—劳动教育—教学研究
Ⅳ.① G613.3

中国版本图书馆 CIP 数据核字（2022）第 125431 号

大夏书系·幼儿教育

爱上劳动 点亮未来
——幼儿园劳动教育课程实践

主　　编	俞沈江
编　　著	李阿慧
责任编辑	卢凤保
责任校对	杨　坤
封面设计	奇文云海·设计顾问

出版发行　华东师范大学出版社
社　　址　上海市中山北路 3663 号　邮编　200062
网　　址　www.ecnupress.com.cn
电　　话　021-60821666
客服电话　021-62865537
邮购电话　021-62869887　地址　上海市中山北路 3663 号华东师范大学校内先锋路口
网　　店　http：//hdsdcbs.tmall.com

印　刷　者　北京博海升彩色印刷有限公司
开　　本　700×1000　16 开
插　　页　1
印　　张　16
字　　数　200 千字
版　　次　2022 年 10 月第一版
印　　次　2022 年 10 月第一次
印　　数　5 100
书　　号　ISBN 978-7-5760-3055-6
定　　价　62.00 元

出版人　王　焰

（如发现本版图书有印订质量问题，请寄回本社市场部调换或电话 021-62865537 联系）